日本国憲法と公務員

──「全体の奉仕者」とは何か──

晴山 一穂 著

Hareyama　Kazuho

学習の友社

「公務員を選定し、及びこれを罷免することは、国民固有の権利である。」（日本国憲法15条1項）

The people have the inalienable right to choose their public officials and to dismiss them.

「すべて公務員は、全体の奉仕者であつて、一部の奉仕者ではない。」（日本国憲法15条2項）

All public officials are servants of the whole community and not of any group thereof.

「天皇又は摂政及び国務大臣、国会議員、裁判官その他の公務員は、この憲法を尊重し擁護する義務を負ふ。」（日本国憲法99条）

The Emperor or the Regent as well as Ministers of State, members of the Diet, judges, and all other public officials have the obligation to respect and uphold this Constitution.

「公務員は、ある政党から推されて選挙されることがあろうが、そのばあいでも、公務員は決してその政党に仕える人ではなくて、国家全体、社会全体に仕える人である。だから、自分の関係している政党の利益ばかり考えてはいけない。いつも国家全体、社会全体の利益を考えて、その職務を行わなくてはならない。」（宮沢俊義『あたらしい憲法のはなし』（三陸書房、2016年）77頁）

【目次】

＊原文の引用にあたっては、旧字体を新字体に改めるなど、いくつかの技術的修正を加え
　た箇所があることをお断りしておきます。また、引用文中で付した傍点は、とくに断ら
　ない限り晴山によるものです。

はしがき

　いま、公務員のあり方が大きく問われています。

　戦前の日本では、天皇主権を定めた大日本帝国憲法（明治憲法）のもとで、官吏（いまでいう国家公務員）は、「天皇の官吏」としてもっぱら天皇とその政府に奉仕する存在であり、官吏制度も、それにふさわしい特権的で前近代的な性格をもっていました。

　これに対して、国民主権を定めた日本国憲法の制定（1946年）に伴い、戦前の「天皇の官吏」は「国民の公務員」へとその性格が大きく転換され、公務員制度もまた、それにふさわしい民主的で合理的な制度として新たに発足することになりました。こうして新たに出発することになった戦後の公務員と公務員制度は、日本国憲法制定以来半世紀以上にわたって、さまざまな問題を抱えながらも、国民の間に広く定着し、国民の権利と生活を守るために少なからぬ役割を果たしてきました。

　ところが、前世紀の終わりごろから、こうした公務員と公務員制度のあり方を大きく変えようとする動きが、政治の世界で顕著になってきました。それは、公務員が不十分ながらも国民のために果たしてきた役割を意図的に否定し、「官僚制批判」の名のもとで、公務員と公務員制度が抱えているさまざまな問題を過度に強調し批判することによって、公務員と国民の間を離反させようとする動きにほかなりません。この動きは、さまざまな思惑のもとでさまざまな装いをとって現れていますが、結局のところ、公務員が国民に対して果たすべき本来の役割を否定し、「政治主導」の名のもとで、公務員を単なる政治の道具、政権に忠実に従う下僕に変えていこうとすることに、その真のねらいがあるといわなければなりません。

こうした動きは、今世紀に入って以降急速に強まってきましたが、そ
れが最も極端な形をとって現れたのが、第二次安倍政権のもとで明るみ
に出た一連の事態でした。そこでは、森友学園問題、加計学園問題、「桜
を見る会」をめぐる問題などに象徴されるように、前例のない国政の私
物化が、政権による官僚支配を通して進められてきました。森友学園問
題では、財務省による公文書の書き換えという重大な違法行為が行われ、
その過程で、書き換えを命じられた近畿財務局の職員が、公務員として
の良心にさいなまれてみずから命を絶つという、あってはならない事件
まで発生しました。

　他方で、これと並行する形で、公務員が果たすべき役割を軽視し、国
民生活にとって必要不可欠な行政部門を弱体化し、それを担う公務員の
数を大幅に減らす政策が、「行政改革」の名のもとで進められてきました。
こうした行政弱体化と公務員削減政策がいかに深刻な事態をもたらした
かは、いままさに新型コロナ禍のもとで保健所や国公立病院が置かれた
危機的な状況に象徴されています。
　こうした行政改革の動きは、保健所や病院に限らず、国公立学校の教
員、福祉関係の公務員など国民に身近な専門職員に大きな影響を与えて
いるだけでなく、中央省庁で働く管理職を含む国家公務員に対しても、
過労死ラインすれすれの超過密労働を強いるなどの深刻な影響を及ぼし
ており、若くして退職する公務員の急増や公務員志望者の減少を招いて
います。さらに、国民にとって必要不可欠な行政部門を縮小し、そこで
働く公務員の定員と人件費を削減するという政策は、他方で、それを補
うために、身分保障もなく劣悪な労働条件のもとに置かれた大量の非正
規公務員を生み出し、大きな社会問題になっています。
　公務員削減政策をはじめとする行政改革の動きは、国民にとって公務
員が果たすべき本来の役割をかえりみることなく、公務員の犠牲のうえ
に立って政権に都合のいい政治を進めていこうとするものである点で、

最近の悪しき「政治主導」の問題と共通する側面をもっています。

　もちろん、公務員の側にまったく問題がなかったというわけではありません。のちに詳しく見るように、日本国憲法が定める公務員の役割は国民の基本的人権を保障することにありますが、この役割が国民の満足するような形で十分に果たされてこなかったことは事実であり、また、公務員の仕事の仕方に対しても、お役所仕事であるとか、縦割行政だとか、官僚的だといった批判が繰り返され、事実そうした面があることも否定することはできません。

　しかし、私は、全体として見るならば、国と地方の個々の公務員は、公務員としての自覚と誇りをもちながら、国民と住民のために誠実に仕事をしてきたと思っています。それにもかかわらず、上記のような批判が一定の根拠をもって加えられてきたことの主要な責任は、公務員の側にではなく、公務員が本来の役割を発揮できるような環境を作り出してこなかった——というよりも、むしろそのような環境を意図的に掘り崩してきた——政治の側にこそある、といっても過言ではありません。

　それでは、いったい、国民にとって公務員とはそもそもどのような存在なのか。国民に対して果たすべき公務員の役割とはいったい何なのか。国民は公務員に対して何を求め、何を期待することができるのか、また期待すべきなのか。

　いうまでもなく、国と自治体に働く公務員は、国や自治体という統治機構の担い手にほかなりません。そして、国や自治体の統治の基本は日本国憲法によって定められており、それを担う公務員のあり方もまた、日本国憲法に求められなければなりません。

　本書では、日本国憲法に定められた公務員に関する規定に依拠しながら、これらの課題について考えていきたいと思います。

序章　公務員の現状

　本論に入る前に、公務員とはそもそもどういう人をいうのか、公務員にはどのような種類があるのか、日本の公務員の数はいったいどのくらいあるのか、といった基本的なことを見ておきたいと思います。

（1）そもそも公務員とは

　私たちは公務員という語をあたり前のように使っていますが、そもそも公務員とは正確にいえばどういう人をいうのでしょうか。

　憲法には公務員に関するいくつかの規定が置かれており、それを受けて、国家公務員法（以下、国公法といいます）や地方公務員法（以下、地公法といいます）などの法律で公務員に関するさまざまなことが定められています。この意味で、憲法や国公法・地公法でいわれている公務員が公務員ということになるわけですが、公務員とは何かという定義そのものは、法律には定められていません。これについて、人事院関係者は、①国の事務に従事していること、②国の任命権者によって任命されていること、③原則として国から給与を受けていること、という三つの要件を満たす場合に国家公務員に該当するとしています[1]。これは国家公務員の場合ですが、地方公務員についても同様とされています[2]。ときには、ある仕事に従事している人が公務員かどうかが問題となる場合もまれに

---

[1] 森園幸男ほか編『逐条国家公務員法・全訂版』（学陽書房、2015 年）65 頁以下。
[2] 橋本勇『新版　逐条地方公務員法・第 5 次改訂版』（学陽書房、2020 年）36 頁以下。

ありますが、通常の場合は、上記の三つの基準によって公務員かどうか
は比較的明確に判断できるとされています。

（2）公務員の種類

　公務員は、さまざまな基準によっていくつかの種類に分類されますが、
以下、その主なものをあげておきます。なお、法律では、公務員と同じ
意味で「職員」という語が使われていますので、本書でも公務員と職員
とは同じ意味で用いることにします。

ア　国家公務員と地方公務員

　国の事務に従事するか地方公共団体（以下、地方自治体または単に自治
体ともいいます）の事務に従事するかによって、国家公務員と地方公務
員に分かれます。国家公務員に関する基本的な法律として国公法が、地
方公務員に関する基本的な法律として地公法が定められていることは上
記の通りです。国公法は、日本国憲法制定から間もない1947年に、地
公法は、それから少し遅れて1950年に制定されました[3]。この二つは公
務員に関する最も基本的な法律ですが、これ以外にも、公務員に関する
個別の事項を定めた法律がいくつか存在します。

イ　特別職と一般職

　公務員は、特別職の公務員と一般職の公務員に分かれます。一般職の
公務員には国公法・地公法の適用があるのに対して、特別職の公務員に
は国公法・地公法の適用がありません。このように、特別職は、さまざ

---

[3] その後、国・自治体とも独立行政法人制度ができ、国の場合は、独立行政法人の一種である
行政執行法人の職員が、また、自治体の場合は、地方独立行政法人のうちの特定地方独立行政
法人の職員が公務員とされました。これらの公務員は、国・自治体とは別の法人の公務員とい
うことになるので、正確にいえば、国・地方公共団体の事務に従事するという本文であげた①
の定義にはあてはまらないことになりますが、実質的には①とほとんど変わらないといってよ
いでしょう。

まな理由で一般法である国公法・地公法を適用することがふさわしくない職ということになり、どの職が特別職にあたるかは、国公法・地公法で具体的に定められています。国の特別職としては、①国会議員・内閣総理大臣・国務大臣・内閣官房長官・内閣官房副長官・大臣補佐官など、政治家およびそれを直接補佐する公務員、②裁判官・裁判所職員、③防衛省の職員、④国会職員などがあげられており、自治体の特別職としては、①議会の議員、長、副知事・副市町村長、②教育委員会の委員、③臨時・非常勤の委員や顧問などがあげられています。

　このように、特別職とは国公法・地公法の適用がないというだけの基準なので、その具体的内容は、共通性のない多種多様なものが含まれています。ここでは、のちにとりあげる政と官の関係とのかかわりで、政治部門の公務員が特別職として一般職の公務員と区別され、国公法・地公法の適用から除外されている、ということを頭に入れておいてください。

ウ　正規職員と非正規職員

　はしがきでも触れたように、公務員制度をめぐって現在大きな問題となっているのが、大量の非正規公務員の存在です。もともと国公法・地公法は、法令で決められている定員の枠内で採用される正規の公務員を対象として定められた法律で、そこで定められた身分保障や給与などの諸原則も、正規公務員を念頭に置いたものでした。

　ところが、実際には、正規の定員の枠外で、行政需要の増大に対応するために、法が本来予定していない定員外の職員を大量に採用して、定員内の正規職員と同様の（あるいは類似の）仕事に従事させることが、長い間続けられてきました。もともと国公法・地公法が想定していないこれらの公務員の増加によって、法の建前と現実の矛盾はいまや覆いがたいものとなっており、その解決は、今後の公務員制度改革の最重要課題の一つになっています。

＊非常勤公務員か非正規公務員か

　定員内の常勤職員と同様の仕事を行いながら定員の裏づけを欠くこれらの公務員をどう呼ぶかは、悩ましい問題があります。もともと法が予定する定員内の公務員は常勤職員なので、それと区別してこれらの職員は非常勤職員と呼ばれることが多いのですが、これらの職員の勤務実態はむしろ常勤に近い場合が少なくなく、このため「常勤的非常勤職員」というそれ自体矛盾を含んだ言い方で呼ばれることも少なくありませんでした。また、非常勤職員という場合には、労働者性のない審議会の委員なども含まれますので、この意味でも、これらの職員だけを一括して非常勤職員と呼称することは必ずしも適切とはいえない面もあります。

　他方で、これまで法的位置づけがあいまいだったこれらの公務員は、最近になって、期間業務職員（国）、会計年度任用職員（自治体）として新たに法令で位置づけられるようになりましたが、この新たな類型によっても、従来の常勤的非常勤職員のすべてがカバーされているわけではありません。

　そこで、本書では、定員内の正規の公務員と事実上同様ないし類似の仕事をしているにもかかわらず法的に正規の公務員としての扱いを受けないこれらの公務員を総称して、法令上の用語ではありませんが、「非正規公務員」と呼ぶことにします。「非正規」という言い方は、当の公務員にとっては本意ではない差別的用語と受け取られるかもしれませんが、本書では、本来正規として扱うべき公務員を非正規として扱っていることの不当性を告発し、すみやかに正規化＝定員化すべきであるという意味を込めて、あえて非正規という語を使わせていただくことにします。

エ　その他の区分

　このほか、これまでは、労働基本権との関係で、労働協約締結権を有する現業公務員とそれをもたない非現業公務員とが区別されたり、職務の特殊性の観点から教育公務員が他の公務員と区別されるなど、さまざ

まな観点からの区別が行われてきましたが、ここでは省略します。

オ　本書が対象とする公務員

　以下、本書では、公務員について定めた日本国憲法の規定をとりあげて、憲法が描く公務員像を描き出していくことにしますが、あらかじめ、本書が対象とする公務員の範囲について、いくつかの点をお断りしておきます。

　①憲法の規定のなかには、国会議員・内閣総理大臣・裁判官や地方自治体の長・議員など特定の公務員に関する規定も少なくありませんが、これらの規定は当該公務員にしか適用されませんので、本書ではこれらの公務員に固有の憲法の規定は扱いません。

　②本書では、すべての公務員（そこには当然①であげた公務員も含まれます）を対象とする憲法の規定をとりあげることになります。ところで、全部で99か条ある憲法の条文のなかで、「公務員」という語が使われているのは7か所ありますが、そのなかには、公務員の不法行為による賠償責任（17条）や公務員による拷問や残虐刑の禁止（36条）など特定の事項を定めたものが含まれています。しかし、本書でとりあげようとするのは、これら特定の事項を定めた規定ではなく、すべての公務員を対象にして、その憲法上の地位や基本的役割を定めた規定、具体的にいえば憲法15条1項、憲法15条2項、そして憲法99条の三つの条文です。

　③（2）のイで述べたように、特別職である裁判所職員と国会職員には国公法は適用されませんが、裁判所の職員（裁判官とその秘書官を除く）には、裁判所職員臨時措置法によって原則として国公法の規定が準用されることになっており、国会職員についても、国会職員法という法律で、国公法に準じた内容の規定が定められています。以下では、国公法が適用される行政部門の国家公務員を念頭において論じることとしますが、国会職員と裁判所職員についても基本的に同様のことが妥当するということを頭に入れておいてください。

　④本書でとりあげる公務員に関する憲法の三つの規定は、政治部門を構成する公務員（国会議員、大臣など）とそれ以外の一般の公務員の双方を対象とするものです。ただ、憲法15条2項の「全体の奉仕者」が意味することは、両者において異なった現れ方をしますが、この点についてはのちに第4章の第3節でとりあげることにします。

（3）公務員の数

　日本には、いったいどれだけの数の公務員がいるでしょうか。また、それは諸外国と比べて多いのでしょうか、それとも少ないのでしょうか。

　以下、人事院等が公表している資料をもとに作成した図を参照しながら、現状を見てみましょう。

ア　現状

　人事院によると、2022年度の公務員の数は**図1**のようになっています。これによると、公務員総数が335.3万人で、うち地方公務員が276.4万人（82.4%）、国家公務員が58.9万人（17.6%）となっており、国家公務員のうち特別職が29.8万人、一般職が29.1万人となっています。これを見ると、国家公務員の場合、一般職よりも特別職の方が多くなっていますが、特別職のうちの約9割が防衛省に集中しており（そのなかの圧倒的部分は自衛官）、それを除くと特別職は約3万人で、そのうちの大部分が、一般職である行政部門の公務員とほぼ同様の制度のもとに置かれている国会職員と裁判所職員ですので、これらを除く特別職は、大臣等の政治部門に属する公務員と大公使等約500人、裁判官約3800人となっています。

　なお、**図2**は、図1よりも22年前の2000年度の公務員の種類と数を示したものです。これを見ると、当時は国家公務員総数113.4万人のうち、一般職に31.1万人の現業職員（郵政・林野・印刷・造幣）が存在していましたが、その後、小泉内閣による郵政民営化によって、現業職員の中

図1 国家公務員・地方公務員の数（2022年度）

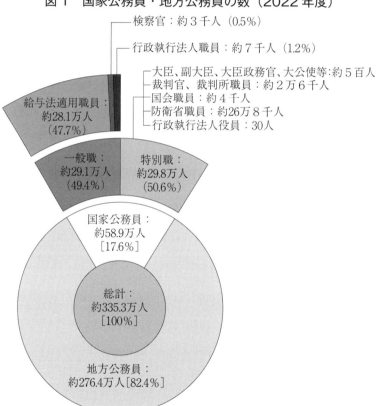

検察官：約3千人（0.5%）

行政執行法人職員：約7千人（1.2%）

大臣、副大臣、大臣政務官、大公使等：約5百人
裁判官、裁判所職員：約2万6千人
国会職員：約4千人
防衛省職員：約26万8千人
行政執行法人役員：30人

給与法適用職員：
約28.1万人
（47.7%）

一般職：
約29.1万人
（49.4%）

特別職：
約29.8万人
（50.6%）

国家公務員：
約58.9万人
[17.6%]

総計：
約335.3万人
[100%]

地方公務員：
約276.4万人[82.4%]

図2　国家公務員・地方公務員の数（2000年度）

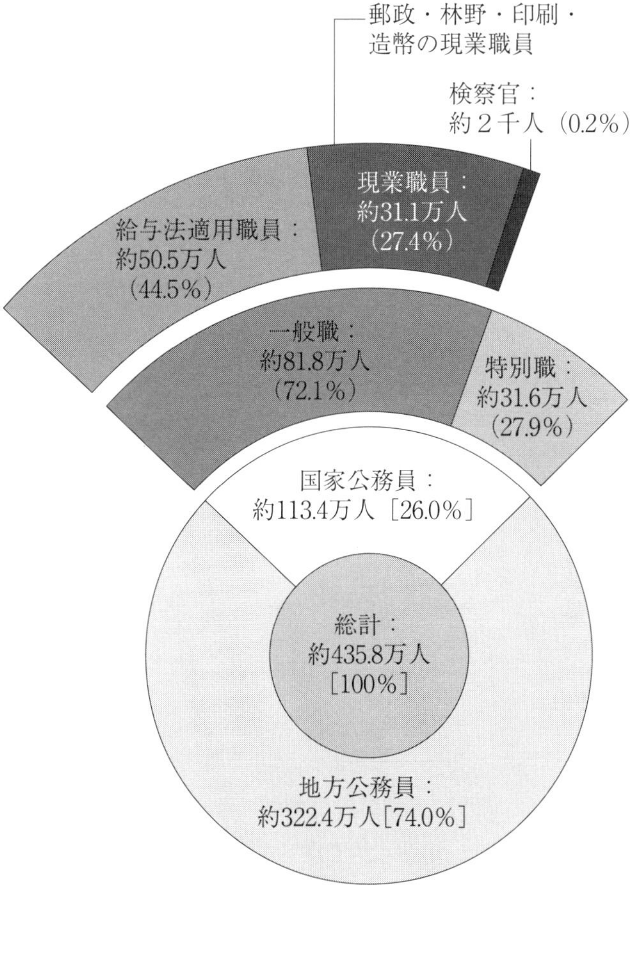

郵政・林野・印刷・
造幣の現業職員

検察官：
約2千人（0.2％）

現業職員：
約31.1万人
（27.4％）

給与法適用職員：
約50.5万人
（44.5％）

一般職：
約81.8万人
（72.1％）

特別職：
約31.6万人
（27.9％）

国家公務員：
約113.4万人［26.0％］

総計：
約435.8万人
［100％］

地方公務員：
約322.4万人［74.0％］

心を占めていた郵政職員が非公務員化されてしまいました。

　他方、地方公務員について見ると、2000年度は322.4万人いた地方公務員が、2022年度には276.4万人へと、46万人減少していることがわかります。

イ　激減する公務員の数

　図3は、最近20年間の国家公務員（一般職）の数の推移を示したものです。これを見ると、国家公務員の数（定数）は一貫して減らされてきており、国立大学の法人化と郵政民営化に伴う公務員から非公務員（民間労働者）への切り換えも重なって、80万人強から30万人弱へと劇的な削減が強行されてきたことが一目瞭然です。

　他方で、**図4**は、1994年以降の地方公務員の数の推移を示したものです。これによると、地方公務員の数も、1994年時点の328万人余から減少傾向をたどり、ここ2年間は若干の増員が見られるものの、ピーク時から48万人（15％）も減少し、2021年時点で280万人余になっていることが分かります。

ウ　増加する非正規公務員

　以上は、定員化された正規の公務員の数ですが、先にも触れたように、正規公務員の減少を補う形で、非正規公務員が増加の一途をたどっています。

　まず国家公務員についてみると、内閣人事局「非常勤職員在職状況統計表」によると、2021年7月1日現在の非常職員数は15.9万人となっていますが、このうち、労働者性を欠く委員顧問参与や保護司等を除いたいわゆる非正規公務員に該当する者の数は8.4万人弱となっています。

　また、地方公務員について見ると、総務省の「地方公務員の会計年度任用職員等の臨時・非常勤職員に関する調査結果」（令和2年4月1日現在）によれば、会計年度任用職員制度が導入された2020年4月1日時

図3　一般職国家公務員数の推移

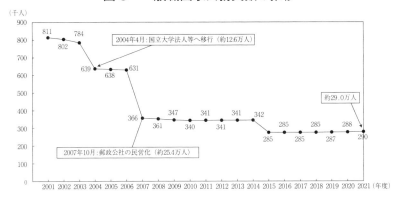

図4　地方公共団体の総職員数の推移（1994年〜2021年）

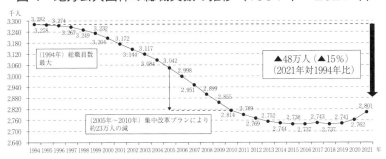

図5　人口1000人あたりの公務部門における職員数の国際比較

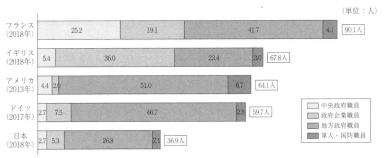

点での臨時・非常勤職員の数は、総計69.4万人で、うち、会計年度任用職員が62.2万人、臨時的任用職員が6.8万人、特別職非常勤職員が0.4万人となっており、前回調査の2016年度の臨時・非常勤職員総数64.3万人よりも5.1万人増加していることがわかります。

エ　国際比較

　図5は、人口1000人あたりの公的部門における職員数の国際比較を示した図です。公務員の範囲が国によって違いがあるので単純な比較はできない面はありますが、日本の公務員数が欧米諸国と比べていかに少ないかが一目瞭然です。日本は、世界でもまれに見る"公務員小国"ということになります。

　社会の進展に伴う新たな行政需要の増大を背景に国と自治体が果たすべき役割は拡大の一途をたどってきましたが、行政機能の拡充と公務員の増員によってこれに正面からこたえるのではなく、逆に、公的部門の縮小・民営化と公務員の削減によって国家責任を回避する、というのがこの数十年にわたって政府がとってきた姿勢でした。国際的にもまれに見る公務員数の少なさは、その必然的帰結といわなければなりません。

第1章　日本国憲法と公務員

　日本国憲法は、公務員についてさまざまな規定を置いています。そこで、"日本国憲法の観点から公務員とその役割を考える"という本書のテーマのもとでは、憲法が公務員についてどのような規定を置いているのか、その規定の意味はどこにあるのか、公務員の憲法上の役割とはいったい何なのか、といったことを中心に考察することが主な課題になってきます。

　それと同時に、公務員は、公務員、つまり公務担当者という立場を離れて見ると、一人の市民であり、一人の人間でもあります。憲法では、市民という属性、人間という属性を含めて一般的に「国民」の語を用いていますので、それにならっていうと、公務員は公務員（公務担当者）であると同時に国民でもあり、憲法が国民一般を対象にして定めているさまざまな原理、たとえば国民主権の原理であるとか、国民に対する基本的人権の保障といった原理は、当然のこと、公務員（＝国民としての公務員）に対しても、他の国民と同様の立場で適用されることになります。

　そこで、本章では、固有の意味での公務員、すなわち公務担当者としての公務員に関する憲法の規定に先だって、国民という立場から見た公務員に焦点をあてて、憲法の定める諸原理と諸規定を見ておくこととします。

第1節　日本国憲法の構成と主な規定

　最初に、憲法全体の構成と本書のテーマに関連する主な条文をあげて
おきます。

　まず、全体の構成ですが、日本国憲法は、以下にあげるように、前文
と 11 の章から成り立っています。施行期日などを定めた 11 章の補則を
除くと、全体で 10 の章と 99 の条文からなっています。

　　前文
　　第1章　天皇（1条〜8条）
　　第2章　戦争の放棄（9条）
　　第3章　国民の権利及び義務（10条〜40条）
　　第4章　国会（41条〜64条）
　　第5章　内閣（65条〜75条）
　　第6章　司法（76条〜82条）
　　第7章　財政（83条〜91条）
　　第8章　地方自治（92条〜95条）
　　第9章　改正（96条）
　　第10章　最高法規（97条〜99条）
　　第11章　補則（100条〜103条）

　前文は、単なる飾りや前置きではなく、憲法の不可欠の構成要素をな
すものであり、憲法の基本原理や条文の解釈にあたって基本となる重要
な意味をもっています。とくに全体で四つの部分から構成されている前
文の第1文は、そのなかでも重要な意味をもっているので、最初に紹介
しておきます。なお、日本国憲法では、促音の「っ」は小文字ではなく
大文字の「つ」が使われるなど、当時の法令文の慣例に従った表記になっ

ていますが、以下、原文のまま引用することにします。

　「日本国民は、正当に選挙された国会における代表者を通じて行動し、われらとわれらの子孫のために、諸国民との協和による成果と、わが国全土にわたつて自由のもたらす恵沢を確保し、政府の行為によつて再び戦争の惨禍が起ることのないやうにすることを決意し、ここに主権が国民に存することを宣言し、この憲法を確定する。そもそも国政は、国民の厳粛な信託によるものであつて、その権威は国民に由来し、その権力は国民の代表者がこれを行使し、その福利は国民がこれを享受する。これは人類普遍の原理であり、この憲法は、かかる原理に基くものである。われらは、これに反する一切の憲法、法令及び詔勅を排除する。」

　以下、各章ごとに、本書のテーマに関連する主な条文をあげておきます。本文は省略し条文見出しだけを付けたものもありますが、見出しを見ると何について規定しているかはわかると思います。なお、条文見出しは憲法自体にはついておらず、各種法令集に載っている見出しは法令集の編者がつけたものですが、以下の【　】内に示した見出しは、有斐閣の『ポケット六法』の編者がつけたものを借りています。

　第 1 章　天皇
　　1 条【天皇の地位・国民主権】
　　　天皇は、日本国の象徴であり日本国民統合の象徴であつて、この地位は、主権の存する日本国民の総意に基く。
　　2 条～ 8 条（略）
　第 2 章　戦争の放棄
　　9 条【戦争の放棄、戦力及び交戦権の否認】
　　　1 項　日本国民は、正義と秩序を基調とする国際平和を誠実に希

求し、国権の発動たる戦争と、武力による威嚇又は武力の行使は、国際紛争を解決する手段としては、永久にこれを放棄する。

　2項　前項の目的を達するため、陸海空軍その他の戦力は、これを保持しない。国の交戦権は、これを認めない。

第3章　国民の権利及び義務

10条（略）

11条【基本的人権の享有】

　国民は、すべての基本的人権の享有を妨げられない。この憲法が国民に保障する基本的人権は、侵すことのできない永久の権利として、現在及び将来の国民に与へられる。

12条【自由・権利の保持の責任とその濫用の禁止】

　この憲法が国民に保障する自由及び権利は、国民の不断の努力によつて、これを保持しなければならない。又、国民は、これを濫用してはならないのであつて、常に公共の福祉のためにこれを利用する責任を負ふ。

13条【個人の尊重・幸福追求権・公共の福祉】

　すべて国民は、個人として尊重される。生命、自由及び幸福追求に対する国民の権利については、公共の福祉に反しない限り、立法その他の国政の上で、最大の尊重を必要とする。

14条【法の下の平等、貴族の禁止、栄典】

　1項　すべて国民は、法の下に平等であつて、人種、信条、性別、社会的身分又は門地により、政治的、経済的又は社会的関係において、差別されない。

　2項以下（略）

15条【公務員選定罷免権、公務員の本質、普通選挙の保障、秘密投票の保障】

　1項　公務員を選定し、及びこれを罷免することは、国民固有の権利である。

2項　すべて公務員は、全体の奉仕者であつて、一部の奉仕者で
はない。

3項以下（略）

16条【請願権】

　何人も、損害の救済、公務員の罷免、法律、命令又は規則の制
定、廃止又は改正その他の事項に関し、平穏に請願する権利を有
し、何人も、かかる請願をしたためにいかなる差別待遇も受けな
い。

17条～第18条（略）

19条【思想及び良心の自由】

20条【信教の自由】

21条【集会・結社・表現の自由、通信の秘密】

　1項　集会、結社及び言論、出版その他一切の表現の自由は、こ
れを保障する。

　2項（略）

22条【居住・移転及び職業選択の自由、外国移住及び国籍離脱の自由】

23条【学問の自由】

24条【家族生活における個人の尊厳と両性の平等】

25条【生存権、国の社会的使命】

　1項　すべて国民は、健康で文化的な最低限度の生活を営む権利
を有する。

　2項（略）

26条【教育を受ける権利、教育の義務】

27条【勤労の権利及び義務、勤労条件の基準、児童酷使の禁止】

　1項　すべて国民は、勤労の権利を有し、義務を負ふ。

　2項　賃金、就業時間、休息その他の勤労条件に関する基準は、
法律でこれを定める。

　3項（略）

28条【勤労者の団結権】

　勤労者の団結する権利及び団体交渉その他の団体行動をする権利は、これを保障する。

29条【財産権】

30条～第40条（略）

第4章～第9章（略）

第10章　最高法規

97条【基本的人権の本質】

　この憲法が日本国民に保障する基本的人権は、人類の多年にわたる自由獲得の努力の成果であつて、これらの権利は、過去幾多の試練に堪へ、現在及び将来の国民に対し、侵すことのできない永久の権利として信託されたものである。

98条【最高法規、条約及び国際法規の遵守】

　1項　この憲法は、国の最高法規であつて、その条規に反する法律、命令、詔勅及び国務に関するその他の行為の全部又は一部は、その効力を有しない。

　2項（略）

99条【憲法尊重擁護の義務】

　天皇又は摂政及び国務大臣、国会議員、裁判官その他の公務員は、この憲法を尊重し擁護する義務を負ふ。

第11章（略）

第2節　公務員に対する憲法三原理の適用

　日本国憲法は、国民主権、基本的人権の保障、平和主義の三つの原理から構成されており、これら三つの原理は、相互に密接不可分の関係のもとに置かれています。そして、この三原理は、当然、国民である公務員に対しても、他の国民と同様に適用されることになります。

ア　国民主権の担い手としての公務員

　前節冒頭で紹介したように、憲法前文は、「ここに主権が国民に存することを宣言し、この憲法を確定する」と宣言したうえで、「そもそも国政は、国民の厳粛な信託によるものであつて、その権威は国民に由来し、その権力は国民の代表者がこれを行使し、その福利は国民がこれを享受する。これは人類普遍の原理であり、この憲法は、かかる原理に基くものである」として、日本国憲法が国民主権の原理に立つものであることを最初に明記しています。これを受けて、憲法1条は、天皇の地位が「主権の存する国民」の総意にもとづくものであることを定め、日本国憲法が国民主権の原理に立脚していることを、天皇の地位との関係において明らかにしています。

　公務員も、当然のこと、一国民として国民主権の担い手ということになり、他の国民と同様に、選挙権の行使をはじめとする主権者としての権利を行使することができることになります。

イ　基本的人権の担い手としての公務員

　憲法第3章のタイトルは「国民の権利及び義務」となっていますが、義務に関する規定は26条2項、27条1項、30条のみで、それ以外はほとんど基本的人権に関する規定になっています。そして、憲法第3章が定める基本的人権は、「すべての国民は…」、「何人も…」という表現にも示されるように、全国民を対象とするものであり、ここでいう国民には、当然公務員も含まれることになります。

　こうして、公務員も、国民の一人としてすべての基本的人権を享有することになり、公務員であること自体を理由にしていずれかの基本的人権に制限が加えられることは、憲法上許されないことになります。

ウ　前提としての平和主義

　憲法前文にうたわれている平和主義、そして憲法9条1項の戦争放棄

と9条2項の戦力不保持の規定は、国民主権と基本的人権の保障という二つの原理と一体をなすものであり、この二つの憲法原理の前提条件ともいうべき原理にほかなりません。すべての国民は、平和主義のもとでこそ主権者としての権利の行使が保障され、基本的人権を享有することができることになります。公務員も、この点で他の国民と異なることがないことはいうまでもありません。

第3節　公務員の基本的人権の制限とその違憲性

　公務員も憲法で保障された基本的人権の担い手であることは、上記の通りですが、現行法は、いくつかの重要な基本的人権について、公務員に対して重大な制限を加えています。以下、この問題について見てみます。

（1）労働基本権の制限
ア　法律の定め
　憲法28条は、「勤労者の団結する権利及び団体交渉その他の団体行動をする権利は、これを保障する」として、すべての勤労者＝労働者に対して、①団結権、②団体交渉権（団交権）、③団体行動権（争議権、ストライキ権）の三つの権利（労働三権＝労働基本権）を保障しています。労働基本権は、事実上不利な地位に置かれている労働者に対してこれら三つの権利を保障することによって、労使が対等な立場に立って労働条件を決めることができるようにするために認められた権利であり、三権が一体となってこそ本来の意義を発揮できることになります。公務員も労働者であることに変わりはありませんので、憲法28条によって、民間労働者と同じように、労働基本権が完全に保障されていることになります。
　ところが、現在の国公法・地公法は、公務員に対して団結権は認めて

いるものの、団交権については、その中核をなす労働協約（団体協約）締結権を認めておらず（一部の公務員を除く）、さらに争議行為についてはこれを全面的に禁止しています。しかも、争議行為に参加した者は懲戒処分の対象になるだけでなく、争議行為を共謀したりそそのかしたりした者（組合指導部）は刑罰の対象にさえなるという、およそ民主主義国家では考えられない異常な制度のもとに置かれています[4]。

イ　判例の立場

　このことの違憲性が争われた事件において、最高裁は、公務員労働運動が高まりを見せた 1960 年代には、争議行為を事実上刑罰の対象から解放する画期的な判決を下して注目を集めました（1966 年 10 月 26 日全逓東京中郵事件判決、1969 年 4 月 2 日都教組事件判決）。しかし、1970 年代に入って、“司法の反動化”と呼ばれた裁判所を取り巻く状況の変化を背景にして、最高裁は、現行法による刑罰を伴う争議行為の一律禁止を全面的に合憲とする判断を下し（1973 年 4 月 25 日全農林警職法事件判決、1976 年 5 月 21 日岩手県教組事件判決、1977 年 5 月 4 日名古屋中郵事件判決）、この立場が現在まで続いています。

　最高裁は、合憲の理由として、勤務条件法定主義（公務員の勤務条件が法令で定められていること）や財政民主主義（公務員の給与が国や自治体の財政で賄われること）をあげていますが、いずれも争議行為を全面一律に禁止する理由になるものではありません。仮に何らかの制限が必要な場合であっても、それは、争議行為が国民生活に及ぼす影響など職務の具体的な性質を理由とすべきであって、その場合でも、部分的な制限にとどめるべきで、全面一律の禁止は明らかに憲法 28 条違反というこ

---

[4] 国家公務員のうちの行政執行法人の職員、地方公務員のうちの地方公営企業の職員・特定地方独立行政法人の職員・単純労務職員には、労働協約締結権は認められていますが、争議行為は一般の国家公務員・地方公務員と同様に禁止されており、違反した場合には解雇の対象になります。

とになります。

（2）政治活動の制限

ア　法律の定め

　労働基本権とともに公務員の権利をめぐる憲法上の大きな争点をなしてきたのが、公務員の政治活動の制限の問題です。

　先にあげた憲法の基本的人権の条文のうち、19条の「思想及び良心の自由」、20条の「信教の自由」、21条の「表現の自由」、23条の「学問の自由」は精神的自由権と呼ばれ、基本的人権の中核をなすものとされています。このうち、思想及び良心の自由、信教の自由、学問の自由は内心の自由と呼ばれるのに対して、表現の自由は、内心の自由を外部に表明する自由であり、精神的自由権のなかでも最も重要な権利とされています。著名な憲法学者が「表現の自由は、個人の人格形成にとっても重要な権利であるが、とりわけ、国民が自ら政治に参加するために不可欠の前提をなす権利である」[5]といっているように、政治活動の自由は、表現の自由の核心をなすものであり、公務員に対しても当然保障されなければならないことはいうまでもありません。

　ところが、公務員の政治活動については、現行法によって重大な制限が加えられています。

　まず、国公法102条は、政党または政治的目的のために行う政治的行為を禁止すると定めたうえで、禁止される政治的行為の内容を、すべて人事院規則に委ねています。これを受けて定められた人事院規則14－7を見ると、政治的目的をもってなされる数多くの行為が列挙されています。たとえば、公務員が、勤務時間外に、職務と関係なく、公務員であることを示すことなしに、純然たる一市民として行うごく普通の政治的行為——政党や政治団体の構成員になるよう勧誘運動をすること、選

---

[5] 芦部信喜著・高橋和之補訂『憲法・第7版』（岩波書店、2019年）180頁。

挙において勧誘運動をすること、署名運動に積極的に関与することなど
——もそこに含まれています。また、違反した場合、懲戒処分の対象に
なるだけでなく、懲役または罰金という刑罰の対象にさえされています。
　地方公務員の場合は、禁止される政治的行為が国公法よりも限定的で
あり、違反に対する制裁も懲戒処分に限られている点で、国家公務員の
場合よりも制限の程度は緩やかですが（地公法 36 条）、一定の政治的行
為が懲戒処分という制裁をもって禁止されているという問題の重大性は、
政治活動の自由の重要性を考えると、決して軽視できるものではありま
せん。

イ　判例の立場

　かつて最高裁は、郵便局の職員が、衆議院選挙に際して、労働組合活
動の一環として、日本社会党の公認候補者の選挙用ポスターを公営掲示
場に掲示した行為が、国公法 102 条違反にあたるとして起訴された事件
において、国公法の規定に何らの限定解釈も加えることなしにそれを全
面的に合憲であるとして、有罪判決を下しました（1974 年 11 月 6 日猿払
事件判決）。これに対して、憲法学者をはじめとして学説から厳しい批
判が加えられてきましたが、最近になって、最高裁は、勤務時間外に政
党の機関紙を住宅の郵便受けに配布した行為が国公法違反で起訴された
二つの事件について、非管理職の職員が行った行為については無罪とし
たものの（2012 年 12 月 7 日堀越事件判決）、管理職の地位にある職員によっ
て行われた行為については有罪判決を下しました（同日世田谷事件判決）。
このように、猿払判決に対する強い批判を前にして、最近の最高裁には
一定の姿勢の変化は見られますが、刑罰によって政治活動を禁止する現
行法の規定自体を合憲としている点では、猿払判決と異なるものではあ
りません。
　憲法 21 条が保障する表現の自由は、基本的人権のなかでも最も価値
のある権利であり、その制限には、他の基本的人権との調整などの合理

的理由が求められ、制限の程度も、必要最小限度にとどめられなければなりません。公務員が、一市民として行うごく通常の政治活動に対する現行法による制限が憲法 21 条に違反することは明らかであり、現行法による制限はいったん廃止したうえで、勤務時間内の政治活動や公務員の地位や職権を利用した政治活動など、一般市民としての政治活動の枠を超える行為だけを例外的に禁止する方向での法改正が強く求められます。

＊現行法のもとでも可能な政治的行為

民主主義国家における政治活動の自由の重要性をふまえるならば、現行法の抜本的改正は急務の課題ということになりますが、現行法のもとにおいても、法令を厳格に解釈し、現行法でも可能な政治活動の範囲を広げることも重要になってきます。たとえば、選挙における投票の勧誘運動や政党加入の勧誘運動は人事院規則によって禁じられていますが、ここでいう勧誘運動とは、あくまで広範囲の人を対象にして計画的に行われる勧誘運動であって、少人数の知り合いに対して勧めることは許されるとされています。また、署名運動も、禁じられているのは署名運動の企画などそれに積極的に参加する行為であって、単に署名を勧めるだけの行為は禁止の対象外とされています。これは、1948 年の国公法改正で政治的行為が禁止された当時の人事院総裁が解説していることなので（浅井清『公務員の政治活動』（労働文化社、1949 年）81 頁、85 頁、87 頁など）、政府の公定解釈に近い重みのある解釈ということができます。

公務員は、現行法による政治活動の禁止に対しては正面からその違憲性・不当性を批判することとあわせて、現行法のもとでも可能な政治活動については、憲法上の権利として積極的に権利行使していくことが求められます。

（3）労働権、生存権と公務員

　以上の二つは、憲法で保障された基本的人権を公務員であることを理由に制限した違憲立法の例ですが、そこまではいえないとしても、公務員にかかわる制度や現状が憲法の基本的人権の観点から見て問題となる事例がいくつかあります。ここでは、労働権、生存権との関係について指摘しておきます。

　憲法 27 条は、すべての国民に対して「勤労の権利」（勤労権＝労働権）を保障したうえで（1 項）、勤労条件（労働条件）の基準は法律で定めなければならないとしています（2 項）。

　ここでいう勤労の権利の基礎には、すべての国民に対して「健康で文化的な最低限度の生活を営む権利」を保障した生存権が据えられており、労働権も、単なる働く場の保障という意味ではなく、人間の尊厳にふさわしい労働条件のもとで働く権利と解されます。このことは、憲法 27 条 2 項を受けて定められた労働基準法が、「労働条件は、労働者が人たるに値する生活を営むための必要を充たすものでなければならない」（1 条 1 項）と定めていることからも、うかがうことができます。

　ところが、現在、国家公務員には労働基準法の適用が排除されており、その労働条件は、労働基準法を中心とする民間労働者の法体系とは別の法体系のもとに置かれています（地方公務員には、原則として労働基準法の適用があります）。同じ労働者でありながら、国家公務員と民間労働者とで異なった法体系のもとに置かれていることは、生存権理念を基礎に置いた官民を通した適正な労働条件の保障という労働権の本来のあり方をゆがめるだけでなく、公務員と民間労働者の間に不必要な分断を生み出すおそれがあります。次章で見るように、公務員には民間労働者と異なる役割を憲法によって与えられていますが、勤労者（労働者）という点では両者の間に基本的な違いがあるわけではありません。公務と民間に共通する、生存権理念にもとづく労働権保障のあり方の検討が、今後の重要な課題ということになります。

生存権・労働権との関係でもう一つ大きな問題となるのは、大量の非正規公務員の存在です。最低賃金ぎりぎりの賃金で働きながら、正規職員と同等の手当や休暇も保障されず、常に雇止めの脅威にさらされているこれらの公務員の現状は、明らかに憲法25条・27条の観点から見て異常な事態といわなければなりません。ここには、民間の非正規労働者には保障されている無期転換権をはじめとする労働法上の保護も存在せず、非正規公務員は、法のはざまのもとで、劣悪な勤務条件に耐えながら公務を支えているという現実があります。

　現在のような大量の非正規公務員の存在は、本来、国公法、地公法の予定するものではなく、憲法の想定する公務員制度の本来のあり方からも大きくかけ離れた事態といわなければなりません。

第2章　公務員の選定・罷免権

　前章では、公務員を、公務の担当者という立場をいったん離れて、一人の国民として見た場合に憲法上どのような地位に置かれているかを見てきました。そこでは、公務員も、他の国民と同様に、国民主権、平和主義、基本的人権の保障という日本国憲法の三大原理のもとに置かれ、それらを享受する地位にあること、それにもかかわらず公務員の基本的人権の一部には現行法による重大な制限が課せられており、憲法の理念と相いれないこの状態は、早急に解消されるべきであることを確認しました。

　以上のことを前提としたうえで、第2章以降では、公務の担い手としての公務員が憲法上どのように位置づけられているのか、憲法上公務員はいかなる役割を負っているのか、という本書の主題に入っていくことにします。公務員がみずからを公務員と意識し、周囲からも公務員として認められるのは、まさに公務の担い手であるからにほかなりません。そして、このことは、公務員自身にとってはもとよりのこと、主権者たる国民にとってもきわめて重要な意味をもつことになります。

第1節　国民主権と憲法 15 条 1 項・2 項

（1）「天皇の官吏」から「国民の公務員」へ

ア　憲法 15 条 1 項および 2 項

本書では、すでに述べたように、すべての公務員を対象とする憲法

15条1項、同条2項、99条の三つの条文をとりあげますが、そのなかでもとくに重要な規定である憲法15条1項と2項の規定を、英文訳とあわせて、以下にあげておきます（憲法99条については後でとりあげます）。

憲法15条1項
「公務員を選定し、及びこれを罷免することは、国民固有の権利である。」
> *The people have the inalienable right to choose their public officials and to dismiss them.*

憲法15条2項
「すべて公務員は、全体の奉仕者であつて、一部の奉仕者ではない。」
> *All public officials are servants of the whole community and not of any group thereof.*

イ　明治憲法下の官吏

これから、公務員の憲法上の地位に関する上記の二つの規定がもつ意味について考えていくことにしますが、その前に確認しておきたいことは、この二つの条文が、国民主権を基礎にして相互に一体の関係に置かれているということです。そして、このことがもつ意味は、戦前の明治憲法と対比することによってより鮮明になってくるので、最初に、明治憲法の関連する規定を見ておくことにします（明治憲法は、漢字とカタカナだけで句読点や濁点も付されない文語体で書かれていますが、以下では原文のまま載せることにします）。

1条　大日本帝国ハ万世一系ノ天皇之ヲ統治ス
3条　天皇ハ神聖ニシテ侵スヘカラス
4条　天皇ハ国ノ元首ニシテ統治権ヲ総攬シ此ノ憲法ノ条規ニ依リ之ヲ行フ

10条　天皇ハ行政各部ノ官制及文武官ノ俸給ヲ定メ及文武官ヲ任免ス
　　　（以下略）

　ここにあげた明治憲法1条、3条、4条の規定が示しているように、明治憲法のもとでは天皇が主権者であり、天皇が統治権を総攬（一手に掌握）していました。天皇の統治権の具体的執行にあたる官吏は、臣民（天皇に服従する地位にある国民）に奉仕する存在ではなく、もっぱら天皇とその政府にのみ奉仕する存在にほかなりませんでした。

　以上のことを前提として、明治憲法10条では、官制を定めることと文武官（文官と武官）を任免する権限を、帝国議会が関与できない天皇の固有の権限（天皇大権）としています。「官制」というのは、国の行政組織に関する定めのことをいい、そこには官吏制度に関する定めも当然含まれます。これによって、官吏制度を含む国の行政組織を定めることは天皇の大権事項とされ（これを官制大権といいます）、あわせて、官吏を任免することも、同条によって大権事項とされていました（これを任免大権または任官大権といいます）。

　要するに、天皇主権に立つ明治憲法のもとで、官吏制度の決定や官吏の任免は、帝国議会が一切関与できない天皇の専権事項とされており、したがって、官吏制度は、議会が定める「法律」ではなく天皇の定める「勅令」（大権事項について天皇が定める法令の形式）によって定められていました。その一つである官吏の服務を定めた「官吏服務紀律」の1条では、「凡ソ官吏ハ天皇陛下及天皇陛下ノ政府ニ対シ忠順勤勉ヲ主ト」すべきものとされていました。ここに示されるように、明治憲法下の官吏の本質は、名実ともに「天皇の官吏」以外の何物でもありませんでした。

ウ　「天皇の官吏」から「国民の公務員」へ

　これに対して、日本国憲法は、天皇主権を全面的に否定し、徹底した

国民主権の原理に立っていることは第1章で見た通りです。本節冒頭に
あげた15条の1項と2項の二つの条文は、いずれも、こうした天皇主
権から国民主権への転換を受けて、現行憲法における公務員の地位が、
名実ともに国民主権にもとづくものであることを宣言した規定というこ
とになります。

　こうして、明治憲法から日本国憲法への主権原理の転換に伴って、公
務員の地位は、「天皇の官吏」から「国民の公務員」へと180度の転換
をとげることになります。

＊憲法にいう「公務員」とは

　公務員に関する重要な憲法の規定として15条1項と2項をあげました
が、ここでいう「公務員」とは具体的にどの範囲の人が含まれるのでしょ
うか。いいかえれば、国公法・地公法で定められた公務員の身分をもつ
者だけでなく、かつての公社・公団や現在の独立行政法人（公務員型を除
く）・特殊法人・国立大学の教職員のように、法律上は非公務員（民間労
働者）とされながらも、公務と同様の、または公務に準じる公共的な業
務に携わる者も、憲法でいう「公務員」に含まれるのでしょうか。

　この点について、憲法の解説書では、法律上公務員の身分はもたない
けれども、「三公社や日本銀行の職員など準公務員といわれる者……をも
含むと解すべきであろう」[6]という説明も見られます。かつて存在した三
公社や公団は民営化されていまは存在しませんが、現在、非公務員型の
独立行政法人、国立大学、特殊法人（NTT、JR、日本郵便、NHKなど）の
ように、国や地方公共団体に準じるような公共的業務を行っている団体
の職員は、法律上は公務員ではありませんが、この説明によると、憲法
上の「公務員」に含まれるということになります。

　この問題は、1980年代に始まり現在まで続いている公務の民営化の劇

---

[6] 宮澤俊義著・芦部信喜補訂『全訂日本国憲法』（日本評論社、1978年）218頁。

的ともいえる展開を前にして、そもそも公務および公務員というものを
どう考えるべきか、という根源的で深刻な論点を提起しています。序章
（3）で見たように、この間の公務員数の激減の大きな原因は、単に公務
員の定員削減だけでなく、公務の民営化によってそれまで公務員であっ
た者の身分を丸ごと民間労働者に切り替えてきたことに大きな原因があ
ります。こうして彼らは公務員法の体系から切り離され、民間労働法の
体系にとりこまれることになりますが、民営化されても業務の公共的性
質自体は残ることになりますので、そこに対する何らかの公的統制の必
要性自体は、否定することができないことになります。

　この意味で、憲法上の「公務員」にこれらの公共的団体の職員も含め
ることによって憲法上の統制を及ぼそうというのは、それはそれとして
理解できないわけではありません。しかし、仮にそう解したからといって、
彼らに国公法・地公法が適用されるわけではないので、実際上の意味は
それほど大きくないということにもなります。

　私は、公共性が強い業務に従事する者には原則として公務員の身分を
付与し、憲法上も実定法上も公務員として位置づけるべきであり、その
意味で、この間の公務の大々的な民営化と公務員の民間労働者への切り
換えは重大な問題をはらんでいると思っています。しかし、たとえ彼ら
を憲法上の「公務員」と位置づけたとしても、実際には公務員法の適用
対象とはならないので、そのこと自体に果たしてどれだけ実際上の意味
があるのか、という問題は残ることになります。

　私自身は、将来の方向として、これまで民営化されてきた業務を再度
公営（公務）に戻して名実ともに公務員身分を回復することが必要である
と考えますが、そのことを展望しつつも、当面は、現在の法律上の公務
員に焦点を当てながら、憲法の要請にもとづくそのあるべき姿を具体化
していくことに力を注ぎたいと思っています。

（2）国家公務員法と地方公務員法の制定

ア　国公法の制定

　日本国憲法の制定（1946年11月3日）を受けて、政府は国公法の制定作業に着手します。この作業は、日本側の要請にもとづいて来日したB・フーバー（合衆国・カナダ人事委員会連合会長）を団長とする米国顧問団が作成した草案をもとに進められ、その後、日本政府とのいくつかのやりとりの過程を経て、1947年10月21日に国公法が成立することになります。以下は、国公法の目的を定めた1条1項の規定です（以下に掲げるのは現在の条文ですが、制定時の1条の条文とほとんど変わりはありません）。

　　「この法律は、国家公務員たる職員について適用すべき各般の根本基準（職員の福祉及び利益を保護するための適切な措置を含む。）を確立し、職員がその職務の遂行に当り、最大の能率を発揮し得るように、民主的な方法で、選択され、且つ、指導されるべきことを定め、以て国民に対し、公務の民主的且つ能率的な運営を保障することを目的とする。」

　こうして制定された国公法は、制定後わずか1年もたたないうちにマッカーサー書簡が発せられ、それにもとづいて、労働基本権と政治活動の権利に大幅な制限を加えるための法改正が1948年に行われます。この改正は、第1章で見たように、戦後の公務員制度の歴史に大きな禍根を残すことになりますが、こうした問題をはらみながらも、全体として見るならば、国公法は、戦前の天皇主権にもとづく官吏制度を解体し、新憲法の国民主権にもとづく民主的な国家公務員制度の樹立を目的とするものであった、ということができます。

イ　地公法の制定

　他方で、地公法については立法作業が遅れ、国公法の制定から三年以上を経た1950年12月になってようやく成立を見ることになります。以下は、地公法の目的を定めた1条の規定です（制定時の1条には地方独立行政法人の規定がないなど現在と若干の違いはありますが、以下に掲げる現在の1条の規定は、制定時のそれと大きくは変わっていません）。

> 「この法律は、地方公共団体の人事機関並びに地方公務員の任用、人事評価、給与、勤務時間その他の勤務条件、休業、分限及び懲戒、服務、退職管理、研修、福祉及び利益の保護並びに団体等人事行政に関する根本基準を確立することにより、地方公共団体の行政の民主的かつ能率的な運営並びに特定地方独立行政法人の事務及び事業の確実な実施を保障し、もつて地方自治の本旨の実現に資することを目的とする。」

　地公法は、制定時点ですでに1948年改正後の国公法にならって労働基本権と政治活動の制限を伴っていましたが、この点も含めて、基本的には、国公法についてうえに述べた評価と同様のことが妥当します。ただ、地公法の場合、地方公共団体の行政の民主的・能率的運営とともに地方自治の本旨の実現が目的にあげられている点において、地方公務員制度における地方自治の尊重という地公法に独自の性格が明示されていることに注目する必要があります。

　いずれにせよ、以上に見たように、国公法、地公法のいずれの目的にも、新憲法の民主的な理念が反映されていることを改めて確認しておきたいと思います。

第2節　国民固有の権利としての公務員の選定・罷免権

　前節では、明治憲法下の天皇主権から現行憲法下の国民主権への転換

に伴って、公務員の性格も「天皇の官吏」から「国民の公務員」へと大きく転換したこと、それを受けて憲法15条の1項と2項の規定が設けられることになったことを確認しました。本節では、憲法15条1項に焦点を当てながら、そこに規定された公務員の選定・罷免権がもつ意味について検討することにします。

（1）憲法15条1項の意味

ア　任免大権との対比

　憲法15条1項は、文字通りに読むと、個々の公務員を選定し罷免する権利が国民にあるかのように読めます。しかし、現実にすべての公務員を直接国民が選定・罷免することができないことは明らかです。それだけでなく、そうすることは、現在の公務員制度のあり方から見ても大きな問題があるといわなければなりません。現在、公務員の採用は、成績主義（メリット・システム）の原則にのっとって、客観的な能力の実証（通常は公務員試験の成績）にもとづいて行われることになっており、いったん公務員に採用されたあとは、みだりのその身分を奪われないという身分保障を受けることになっています（身分保障については第4章第1節（1）で改めてとりあげます）。したがって、選挙や投票などによって個々の公務員を採用したり罷免することは、現在の公務員制度の基本原則と抵触することになってしまいます。

　憲法15条1項の真の意味は、公務員の選定・罷免が国民固有の権利であると定めることによって、公務員という地位が、究極的には国民の意思、すなわち国民主権に依拠するものであることを宣言することにあります。そして、このことは、戦前の官吏の地位が天皇主権に由来するものであったこと、また、その論理的帰結として官吏の任免が天皇の大権事項とされていたこと（任免大権）を正面から否定し、戦後の公務員の地位が、直接国民主権に由来するものであること、したがってまた、公務員の任免が国民固有の権利であることを宣言した規定として理解す

ることができます。要するに、公務員という地位と国民主権とが一体不可分の関係にあることを、公務員の任免権の所在という形をとって表した規定と解することができます。

　これを、主権の所在、任免権の所在、公務員の性格という三つの相関関係で明治憲法下の官吏と日本国憲法下の公務員を対比すると、以下のようになります。

　　明治憲法＝天皇主権→任免大権→「天皇の官吏」
　　日本国憲法＝国民主権→国民固有の権利としての公務員の選定・罷免
　　　　　　　　権→「国民の公務員」

イ　マッカーサー草案から見て

　このことは、現在の15条1項のもとになったGHQ憲法草案（マッカーサー草案）が、現在の1項の規定のすぐ前に、「国民は、政治及び皇位の最終的判定者である」（The people are the ultimate arbiters of their government and of the Imperial Throne）という規定を置いていたことからも裏づけることができます。つまり、15条1項のもともとの案は、国民が政治と皇位の究極の決定者であるという国民主権の原理をまず規定し、そのあとに、公務員の選定・罷免が国民固有の権利であるとする現行の規定を続けていたことになります。このことは、15条1項が、国民主権と公務員の地位が密接不可分の関係にあることを宣言する趣旨の規定であることをよく示しています。

　GHQ憲法草案にあったこの前段の規定は、天皇の地位が「主権の存する国民の総意に基く」とする憲法1条の規定と重複するという理由で、日本政府とGHQの折衝の過程で最終的に削除されることになりますが、このこと自体、15条1項が、公務員の地位と国民主権とが一体の関係にあることを定めた規定であることをよく示しています。

　なお、1項の「固有の権利」のGHQ憲法草案における英文は the

inalienable right であり、文字通りに訳すならば「譲ることのできない権利」ということになります。GHQ 憲法草案を日本政府が受領した時の外務省仮訳でも「不可譲ノ権利」と訳されていましたが、最終的に「固有の権利」とされることになりました。「固有の権利」と「譲ることのできない権利」とではいささかニュアンスの違いがあるようにも思われますが、いずれにせよ、国民が有する公務員の選定・罷免権は、いかなる事態のもとでも他に譲ることができない国民固有の権利であるということを意味しており、ここには、国民主権と公務員の地位がいかに強く結びついたものであるかがよく示されています。

＊ GHQ 憲法草案と日本国憲法

　1945 年 8 月 14 日、日本はポツダム宣言を受諾し、翌 15 日、無条件降伏により終戦を迎えることになります。その後、政府は憲法問題調査委員会（松本委員会）を設置して明治憲法の改正作業に着手しますが、1946 年 2 月 1 日に毎日新聞によってスクープされた同調査委員会の試案の内容が明治憲法と大きく変わらないものであったため、連合国軍最高司令官Ｄ・マッカーサーは、民政局長ホイットニーに対してマッカーサー三原則（①天皇は国家の元首、②戦争放棄、③封建制度の廃止）を示し、憲法草案の起草を指示します。これを受けて、GHQ 民政局内において憲法草案の起草作業が開始され、それにもとづいて作成された憲法草案（GHQ 憲法草案＝マッカーサー草案）が 2 月 13 日に日本側に提示されます。その後の政府部内での検討作業を経て、3 月 6 日の閣議において「帝国憲法改正草案要綱」が決定、公表されることになります。この憲法改正草案が 6 月 20 日の帝国議会に提出され、衆議院と貴族院での審議を経て一部修正のうえ可決成立し、11 月 3 日に公布、翌年 5 月 3 日に施行されるという経過をたどることになります。

　以上の経過は、政府部内での検討作業と帝国議会の審議の過程でいくつかの修正が加えられはしたものの、成立した日本国憲法は、その多く

の部分においてマッカーサー草案が基本とされていることを示しています。そして、マッカーサー草案には、当時の世界の民主的憲法と、憲法学者の鈴木安蔵が中心となった憲法研究会の憲法改正案をはじめとして、当時の日本の民間憲法草案の民主的内容が強く反映されていることも、ここであわせて確認しておきたいと思います。これらの事情をふまえるならば、現行憲法の各条項の解釈にあたって、マッカーサー草案がきわめて重要な意味をもつことになります。戦後を代表する憲法学者である宮澤俊義は、「日本国憲法成立の経過を考えるとき、その各条文を正しく解釈するために、その英訳が非常に参考になることは明白だろうとおもう」[7]と述べているように、このことは、憲法学において広く共有された見解ということができます。

　本書第2章第1節で憲法15条1項・2項に英文訳を併記していること、そして本章と次章で、その英文のもつ意味について、マッカーサー草案を引き合いに出しながらやや立ち入った考察を加えているのは、以上の憲法制定経過をふまえて、マッカーサー草案における英文の意味が、憲法15条1項と2項の解釈にあたっても重要な意味をもっているからにほかなりません。

＊菅内閣による学術会議会員の任命拒否

　2020年10月1日、菅義偉首相（当時）は、日本学術会議が新会員として推薦した105名の会員候補のうち6名の任命を拒否しました。拒否の理由の一つとしてあげられたのが憲法15条1項であり、そこでは、同項によれば任命権者である内閣総理大臣は公務員の任命について国民に責任を負えるものでなければならないから、推薦通りに任命する義務があるとまではいえない、と説明されています。しかし、同項は、本文で述べたように、公務員という地位と国民主権が一体不可分の関係にあるこ

---

[7] 宮澤俊義著・芦部信喜補訂『全訂日本国憲法』（日本評論社、1978年）6頁。

とを示した規定であり、同項を根拠に会員の任命を拒否できるというのは、本末転倒の暴論といわなければなりません。

（2）選定に対する国民の関与

　憲法15条1項の趣旨が、国民主権と公務員の地位が密接不可分の関係にあることを定めたことにあるということは、以上に述べた通りです。しかし、このことは、一定の公務員が、選挙など直接国民の意思にもとづいて選ばれることを否定する趣旨ではなく、むしろ、職務の性質から見て公務員の選定に国民が関与することが望ましい場合には、できるだけそこに国民の関与の途を開くことが、憲法15条1項の趣旨にかなっているということになります。

　憲法は、「国権の最高機関」（41条）である国会を構成する衆議院・参議院の議員が選挙によって選ばれるべきこと（43条1項）、地方公共団体の長・議会の議員および法律の定めるその他の吏員（地方公務員）が住民の直接選挙によって選ばれるべきこと（93条2項）を定め、国と地方公共団体の一部の公務員について、選挙によって選ばれるべきことを定めています。国と地方の政治や行政に大きな影響力をもつこれらの公務員が選挙で選ばれることは、国民主権の原理からも当然のことであって、憲法15条1項の趣旨にもかなうことになります。

　しかし、職務の性質から見てその選任に国民が直接ないし間接にかかわることが求められる公務員は、憲法が定める議員や長などに限定されるわけではなく、より広い視野からその範囲を広げて考えていくことが望ましいということになります。この点で、うえに紹介した憲法93条2項の「法律の定めるその他の吏員」として教育委員が定められ、教育委員が住民の直接選挙によって選ばれていたのは、その一例ということができます。公教育の民主化と分権化を目的としたこの教育委員の公選制は、不当にも1956年の法改正で廃止されてしまいましたが、このことは、憲法15条1項の精神に逆行するものといわなければなりません。

　国においても地方においても、その選任に国民の意思が反映される公
務員の範囲を広げていくことは、憲法 15 条 1 項の精神を具体化するう
えで、今後の重要な検討課題と思われます。なお、国の場合、憲法 93
条 2 項の「法律の定めるその他の吏員」のような規定はありませんが、
国会議員以外にも、一定の公務員の選任について選挙その他の方法に
よって国民や利害関係者が関与することを法律で定めること自体は、憲
法 15 条 1 項の趣旨から当然許されるし、むしろ望ましいと解すべきこ
とになります。

＊国民の関与の例

　会計検査院の検査官、人事院の人事官、中央労働委員会の公益委員など、
任命にあたって国会の同意が法律で義務づけられている公務員が少なか
らず存在します。また、地方自治体でも、選任に際して議会の同意が必
要とされる職があります。これらも、間接的にではあれ、公務員の選定
に際して、議会を通して国民の意思を反映させるための一つの方法とい
うことができます（もっとも、これがどこまで本来の機能を果たしているか
については、実際の運用をふまえて慎重な検証が必要となります）。他方で、
特別職国家公務員である日本学術会議の会員は、1983 年までは研究者に
よる直接選挙によって選ばれていました。また、地方自治体においては、
農業委員会の委員が 2015 年まで、また、海区漁業調整委員会の委員が
2018 年まで、それぞれ関係者による選挙によって選ばれていました。

　これらの例に見られるように、任命権者による任命に議会を関与させ
たり、ある種の職に公選制を導入するなど、公務員の任命に国民の意思
を反映させる方法には多様なものがありえます。

　憲法 15 条 1 項の趣旨を生かすためには、今後、ある種の公務員の選任
に国民の声が反映される多様な仕組みを制度化していくことが必要と思
われます。

（3）罷免に対する国民の関与

ア　現行制度

それでは、公務員の罷免についてはどうでしょうか。

公務員の罷免に国民が関与できる制度としては、現在、いくつかの制度が見られます。

まず、国民の請願権を定めた憲法16条は、請願の対象に「公務員の罷免」をあげ、すべての公務員を対象にその罷免を求める請願権を国民に対して保障しています。

つぎに、特定の公務員の罷免に関する最も代表的な例は、最高裁裁判官の国民審査であり、最高裁の裁判官は、任命後初めての総選挙の際に国民審査に付され、投票者の過半数が罷免を可とすれば罷免されることになっています（憲法79条2項・3項）。これは国民が投票によって直接公務員を罷免できる例ですが、2022年5月25日の最高裁判決は、在外国民に対して国民審査権を認めていない現状は憲法15条1項に違反するとする違憲判決を下し、この制度がもつ意義に高い評価を与えています。

そのほか、裁判官の弾劾（憲法64条・78条）、地方公共団体の長・議員の解職請求（地方自治法80条・81条）も公務員の罷免に国民が関与するための制度ですが、一般の公務員については、任命権者が罷免（免職）の権限をもっており、そこに国民がかかわる仕組みは、上記の請願を除けば存在しません。

イ　公務員の弾劾制度

この点とかかわって注目されるのは、1947年10月に制定された国公法が、77条で「職員の弾劾に関する規程は、別に法律でこれを定める」という規定を置き、公務員（特別職を除く）の弾劾による罷免の制度を法律で設けることを予定していた、という事実です。いまではすっかり忘れ去られてしまったこの規定が、なぜ制定当初の国公法に盛り込まれ

ることになったのか。その経緯については、以下のように説明されています。

　それは、国公法の制定にあたって、国会外から提起された二つの修正案が国会審議に大きな影響を与えたという事実です。その一つは東大の教員有志によって結成された公法研究会であり、もう一つは全官公労働組合協議会です。両者とも何点かにわたって政府原案に対する修正意見を提示しましたが、そのなかに、「新憲法第15条の精神」をふまえて「不良官吏に対する弾劾の制度」を設けること（公法研究会）、「不良公務員に対する国民の弾劾権の制度を認めること」（全官公労働組合協議会）が柱の一つとして盛り込まれており、これを受けて、国会審議の過程で政府原案が修正され、77条の規定が付け加えられることになりました[8]。

　ところが、この注目すべき規定は、弾劾に関する法律が制定されることのないまま、翌年の国公法改正によって削除されることになります。その理由は、弾劾という制度は、裁判官など特別の身分保障をもつ職に限られており、一般の公務員にまで拡充すべきでない、ということにあるとされています[9]。

　公務員が違法な行為や国民全体の奉仕者としてふさわしくない行為をした場合、現行制度では、行政部内で懲戒処分の対象となったり、裁判で刑事責任や民事責任を問われることはあっても、国民の側からその責任を問い免職を求めるなど、国民自身が当該公務員の身分にかかわって何らかの責任を問う制度は、先に紹介した請願権の行使を除けば、一般の公務員については存在しません。

　しかし、公務員の地位と国民主権との強い結びつきを定めた憲法15条1項の趣旨をふまえるならば、このような制度を設けることは十分な

---

[8] 以上の経緯は、磯田好裕ほか『国家公務員法の解説』（時事通信社、1947年）143頁以下に詳しく紹介されています。

[9] 森園幸男ほか『逐条国家公務員法＜全訂版＞』（学陽書房、2015年）646頁、浅井清『改正国家公務員法』（労働文化社、1948年）148頁参照。

検討に値すると考えられます。およそ全体の奉仕者とかけ離れた反国民的行為を行った幹部職員の責任が問われないままに終わってしまった第二次安倍政権下の一連の事件の例をあげるまでもなく、その必要性は小さくないと思われます。

　制度化にあたっては、一般の公務員に対する不当な攻撃に利用されることがないように、対象者を幹部職員に限定したり、弾劾理由も悪質な非違行為に限定するなどの工夫は必要でしょうが、公務員の地位が国民主権に依拠していることを定めた憲法15条1項の趣旨をふまえるならば、今後の課題として十分検討に値するものと思われます。

第3章　全体の奉仕者としての公務員

　第2章では、憲法15条の1項と2項が国民主権原理を基礎において一体の関係にあることを確認したうえで、1項が定める公務員の選定・罷免権について、やや立ち入った考察を加えました。引き続いて、第3章では、本書の主題である憲法15条2項が定める公務員の「全体の奉仕者」性について考えてみたいと思います。

第1節　「全体の奉仕者」の意味するもの

（1）人権制限の根拠として悪用された「全体の奉仕者」性

　15条2項の「全体の奉仕者」規定は、公務員の地位を説明するために最も頻繁にあげられる規定であり、「全体の奉仕者」という言葉自体は、広く国民の間に定着しているといってよいと思います[10]。しかし、「全体の奉仕者」という言葉は、日本語としても、また内容的に見てもかなり抽象的な概念であり、それがいったい何を意味するかについては、さまざまな見解が成り立ちえます。

　この点にかかわって、かつて裁判所を支配した有力な見解が、公務員の「全体の奉仕者」性を理由に、公務員の基本的人権に対する制限を正当化しようとする見解であったことを忘れるわけにはいきません。たと

---

[10] 公務員の「全体の奉仕者」性については、晴山「憲法の『全体の奉仕者』の意味するもの」自治と分権64号（2016年）を参照ください。

えば、第1章で見た公務員の労働基本権について、最高裁は、1950年代の一連の判決において、「公共の福祉」とともに、公務員の「全体の奉仕者」性を理由にして、現行法による争議行為の禁止を全面的に合憲としました（1953年4月8日最高裁大法廷判決など）。1960年代に入ってからは、労働基本権に配慮した柔軟な判決があいついで出されたものの、1970年代には再び争議行為の禁止を全面的に合憲とする立場に戻ったことは、第1章で紹介した通りです。そこでは、1950年代の判例のように「全体の奉仕者」性を大上段に振りかざしてはいませんが、制限の根拠とされている「公務員の地位の特殊性」論には、「全体の奉仕者」論の影響が残されていると見ることができます。

　また、第1章で見た政治活動の制限についても、1974年の猿払事件判決では、「全体の奉仕者」性を理由の一つにあげて制限を全面的に合憲としました。その後出された2011年の二つの判決では、「全体の奉仕者」性は前面に出されていないものの、現行の制限規定そのものは違憲とされず、猿払事件判決も判例変更されることがないままになっていることは第1章で見た通りです。

　これらの判例に見られるように、憲法15条2項の「全体の奉仕者」規定は、公務員の基本的人権の制限を正当化する有力なイデオロギーとして使われてきた経緯があります。また、政府や行政当局も、それに依拠して、行政の現場において公務員の労働組合活動や政治活動に規制を加えてきました。

　しかし、公務員に対しても憲法が定める基本的人権が完全に保障されることは第1章で述べた通りであり、抽象的な「全体の奉仕者」概念でもってその制限を根拠づけることは、理論的にも現実的にも、とうてい認められるものではありません。仮に何らかの制限が必要とされる場合であっても、それは、他の基本的人権との調整など、合理的で具体的な理由が求められる、というのが現在の憲法学説の一致した見解です。

＊自民党改憲草案の問題性

　自民党「日本国憲法改正草案」(2012 年 4 月 27 日決定) は、憲法 15 条 2
項の現行規定はそのまま残しながら、労働三権の保障を定めた現行 28 条
に新たに 2 項を起こし、「公務員については、全体の奉仕者であることに
鑑み、法律の定めるところにより、前項に規定する権利の全部又は一部
を制限することができる」とする規定を新設するとしています。これは、
「全体の奉仕者」性を理由とする労働基本権の制限を明文規定によって認
める点で問題であるだけでなく、15 条 2 項の「全体の奉仕者」規定が公
務員の基本的人権の制限の根拠になりうることを正面から認めるものと
して、二重の意味で見逃すことのできない問題をはらんでいます。仮に
この改正が実現するならば、15 条 2 項の「全体の奉仕者」がもつ意味は、
現行憲法のそれと全く変わってしまうことになります。

（2）英文から見た「全体の奉仕者」の意味

　それではいったい、公務員が「全体の奉仕者」であるということの真
の意味は、どこに求められるのでしょうか。

　この点にかかわって注目すべきことは、「全体の奉仕者」にあたる語が、
英文では "servants of the whole community" とされているというこ
とです。community の語は、英語の辞書を引くと、①地域社会、地域
共同体、自治体、(同じ時に造成された) 地域、その人びと、②社会 (集団)、
共同体、③ (共通の利害をもつ) 国家群、④一般社会、一般大衆、など
の訳があがっており (ジーニアス英和大辞典)、日本語の「全体」とはか
なりニュアンスが異なっています。「全体」という抽象的で漠然とした
概念よりも、日本語でいえば、(地域) 社会、(地域) 共同体、そこに暮
らす人びとといった、より具体的なイメージが浮かびあがってきます。

　実際、1946 年 2 月 26 日の臨時閣議に配布されたマッカーサー憲法草
案における現在の 15 条 2 項にあたる英文の日本語訳では、「一切ノ公務
員ハ全社会ノ奴僕ニシテ如何ナル団体ノ奴僕ニモアラズ」とされていま

した。いまではほとんど使われることのない奴僕という語は、ここでは「しもべ」の意味で使われていますが、注目されるのは、the whole community が文字通り「全社会」と訳されていたことです。そして、同年3月2日にマッカーサー草案に準拠して日本側がGHQに提出した案では、「全社会ノ奴僕」が「国家社会ノ公僕」に変えられ、さらに同月6日の臨時閣議で決定・公表された憲法改正草案要綱では「全体ノ奉仕者」に変えられ、6月20日に帝国議会に提出された憲法改正案で現行の「全体の奉仕者」へと口語表記に直され、それが可決されて現在の条文になる、という経過をたどることになります。つまり、この過程で、the whole community の訳語は、「全社会」→「国家社会」→「全体」へと変わったことになります。

　ここで注目されるのは、原文の英語の the whole community が、最初は「全社会」と訳され、次の段階では「国家社会」へと変わっていますが、いずれも「社会」という語が大きな比重を占めていたということです。「社会」という語もまた多義的に使われる語ですが、広辞苑第7版では、「人間が集まって共同生活を営む際に、人々の関係の総体が一つの輪郭をもって現れる場合の、その集団。諸集団の総和から成る包括的複合体をもいう」との説明が一番目にあがっています。この意味での「社会」は、同じ広辞苑にある「一定の領土とその住民を治める排他的な統治権をもつ政治社会」である「国家」と対比されて使われることが多い語ですが、15条2項の英文にある"the whole community"も、「国家」よりも「社会」に近い概念ということができます。

　この点に関して、憲法学者の鵜飼信成が次のように述べていることは、非常に意味深いものがあります。

　　「新憲法における公務員制度の基本原則は、次の二つとなる（憲法一五条)。
　　（1）その第一は、公務員は、国民の公務員であって、天皇の官吏

ではない、ということである。このことは、国民主権主義、民主主義の原理の当然のコロラリーであり、憲法は、その一五条に、これを明示的に規定した。(以下略)

　(2)　次に、このことから、公務員が、国民全体の奉仕者であって、一部の奉仕者であってはならない、という第二の原則が生まれてくる。これは一見自明のことのようにみえるけれども、必ずしもそうではない。第一に、これの意味するところが、旧憲法下にそうであったように、公務員が特定の支配者個人、すなわち旧憲法の場合には一人の天皇、に対する奉仕者ではなくて、社会団体としての国家、すなわち国民全体の奉仕者であるというのであれば、それは上にすでに述べて来たように、たしかに近代的な公務員観念の基本原則を示すものである。この点もまた、英訳文の方が、そのニュアンスをよく伝えており、『全体』という抽象的な意味に用いられやすい用語に代えて、the whole community(社会の人々全部)といっており、それは公務員の奉仕する対象、すなわち公務員を使用している使用者の本質を、一層具体的に示しているということができる。」[11]

　やや回りくどい説明ですが、ここでは、15条2項の the whole community が(社会の人々全部)と括弧書きされたうえで、この英文の方が、公務員の使用者の本質をより具体的に示している、とされています。つまり、the whole community にせよ、最初に日本語訳にでてくる「全社会」にせよ、現に存在している具体的人間を想定させるより具体的な概念であるということを鵜飼は述べているということになります。

---

[11] 鵜飼信成『公務員法＜新版＞』(有斐閣、1980年)15〜16頁。

（3）「国民全体の奉仕者」としての公務員

ア 「全体の奉仕者」とは「国家の奉仕者」ではない

　以上のことをふまえたうえで、15条2項が定める「全体の奉仕者」とはいったいどのような意味でとらえたらよいのか、改めて考えてみます。

　日本語で「全体」というと、それは「社会」よりもむしろ「国家」を連想させることが多く、極端な場合には「全体主義」にも通じる語感を伴っています。この点にかかわって、戦前の著名な憲法学者であり貴族院議員でもあった佐々木惣一が、帝国議会での日本国憲法の審議の際に、「全体」の語が「国家」につながると誤解されるおそれがないかと質問したのに対して、憲法担当大臣の金森徳次郎が、その危惧を否定し、「社会全体に対する奉仕者」の意味であると答えていることは [12]、きわめて意味深いものがあります。佐々木の危惧ももっともであると同時に、それを否定した金森の答弁もまた、2項の本来の趣旨をよくふまえたものであり、「社会全体に対する奉仕者」という金森の表現は、先に見たthe whole community を「社会の人々全部」と訳した鵜飼の理解にも通じるものがあるといってよいでしょう。

イ 「全体の奉仕者」とは「国民全体の奉仕者」のこと

　以上のように、「全体の奉仕者」とは「国家の奉仕者」ではなく「社会の奉仕者」というのが本来の趣旨ということになります。しかし、「社会」という語は、GHQ草案の日本語への翻訳の過程では出てきたものの、最終的に「全体」に落ち着くことになってしまいました。その理由は定かではありませんが、ここで確認しておくべきことは、2項の「全体」が中身のない抽象的な全体のことではなく、ましてや国家全体のことでもなく、社会で生活する個々の人々の集合体としての「国民全体」の意味であるということです。このことは、日本国憲法下の公務員の地位が

---

[12] 鵜飼幸雄「『公務員』という言葉」立命館法学327号（2009年）137頁より。

国民主権にもとづくものであることからすればごく当然のことともいえますが、抽象的な「全体の奉仕者」観念が独り歩きし、人権制限の根拠にさえされてきた過去の経緯もふまえ、ここで改めて強調しておきたいと思います。

　実際、憲法15条2項では「全体の奉仕者」となっていますが、法律や政令レベルでは、以下に示すように、「国民全体の奉仕者」の語が一般的に使われており、そこでは憲法にいう「全体の奉仕者」とは「国民全体の奉仕者」の意味であることが当然の前提とされています。

・国公法82条1項
　　「職員が、次の各号のいずれかに該当する場合においては、これに対し懲戒処分として、免職、停職、減給又は戒告の処分をすることができる。
　　三　国民全体の奉仕者たるにふさわしくない非行のあつた場合」
・国公法96条1項
　　「すべて職員は、国民全体の奉仕者として、公共の利益のために勤務し、且つ、職務の遂行に当つては、全力を挙げてこれに専念しなければならない。」
・国公法97条
　　「職員は、政令の定めるところにより、服務の宣誓をしなければならない。」
　→職員の服務の宣誓に関する政令
　　「新たに職員（カッコ内略）となつた者は、（中略）別記様式による宣誓書に署名して、任命権者に提出しなければならない。」
　　別記様式：「私は、国民全体の奉仕者として公共の利益のために勤務すべき責務を深く自覚し、日本国憲法を遵守し、並びに法令及び上司の職務上の命令に従い、不偏不党かつ公正に職務の遂行に当たることをかたく誓います。」

なお、地公法では「全体の奉仕者」の語が使われていますが（29条1項3号、30条）、これは、「国民全体の奉仕者」という語では日本国民全体の奉仕者という意味になり、地方公共団体の住民全体を指す用語としてはふさわしくないことから「国民」の語をさけたものと思われます。したがって、地公法にいう「全体の奉仕者」とは、当該地方公共団体の住民全体を想定した「住民全体の奉仕者」の意味ととらえられます。本書において国家公務員と地方公務員の双方を念頭において「国民全体の奉仕者」という場合には、国家公務員については文字通り国民全体の奉仕者を、地方公務員については、当該地方公共団体の住民を念頭に置いた住民全体の奉仕者を意味することとします。

ウ　「国民」とは実体のない抽象的存在ではない

　もう一つ確認しておきたいことは、15条2項でいう「全体」が「国民全体」であるとしたうえで、そこでいう「国民」とは、鵜飼もいうように抽象化された国民ではなく、社会に生活するすべての人々、といったより具体的なイメージでとらえられた国民が想定されているということです。もちろん国民といっても、そこにはさまざまな階層や地位にある人々が含まれますので、それらすべてを「国民全体」としてとらえる以上、一定の抽象化自体は避けられないことになります。しかし、そうして抽象化された国民ではあっても、そこでは、何ら実体のない抽象的な国民ではなく、それぞれが社会のなかで生活を営んでいる生きた個々人の集合体としての国民が想定されているのではないか、the whole community という語はまさにそのことを示しているのではないか、ということです。

第2節 公務員の基本的役割

（1）憲法から見た公務員の基本的役割

　以上見てきたように、憲法15条2項の「全体の奉仕者」とは「国民全体の奉仕者」を意味することになりますが、それでは、公務員は、国民全体の奉仕者としていったいどのような役割を負っているのでしょうか。いいかえると、国民全体に奉仕するということは、具体的に何を意味しているのでしょうか。

　この問いは、つきつめると、国と自治体の双方を含めた広い意味での国家の役割とは何かという問題に行きつくことになります。これについては、さまざまな立場や学問分野から多様な議論がこれまで展開されてきており、国家の評価についても、肯定・否定の双方を含む多様な見解が示されてきました。私も、公務員のあり方との関係で、この問題に関心を抱いて若干の考察を試みたことがありますが[13]、ここでは、この問題に深く立ち入ることは避け、日本国憲法を基本に据えて、国家の役割とは何か、そして国家活動を具体的に担う公務員の役割とは何か、という観点から考えていくことにします。その理由は、国家に対してどのような立場や評価をとるにせよ、日本国憲法が定める諸原理にもとづいて国家と公務員の役割を考えるということは、日本国憲法そのものを否定しない限り、誰もが承認せざるをえない共通の価値基準ということになるからにほかなりません。そこで、もう一度、第1章で紹介した日本国憲法に立ち返りながらこのことを考えてみることとします。

---

[13] 晴山『現代国家と行政法学の課題』（日本評論社、2012年）第10章「いま、国家の役割をどう考えるか」、同『行政法の変容と行政の公共性』（法律文化社、2004年）第9章「国家・行政の公共性と公務労働」を参照ください。

（2）国民の基本的人権の保障

　繰り返しになりますが、憲法前文は、国民主権について、「日本国民は、正当に選挙された国会における代表者を通じて行動し、（中略）ここに主権が国民に存することを宣言し、この憲法を確定する」としたうえで、「そもそも国政は、国民の厳粛な信託によるものであつて、その権威は国民に由来し、その権力は国民の代表者がこれを行使し、その福利は国民がこれを享受する。これは人類普遍の原理であり、この憲法は、かかる原理に基くものである。われらは、これに反する一切の憲法、法令及び詔勅を排除する」と宣言しています。これを受けて、1条では、天皇の地位が「主権の存する日本国民の総意に基く」として、主権が国民に存することを明記しています。

　そして、主権者である国民の意思は、国会議員の選挙を通して国会に代表され、国会が公開での審議を通して国政の基本方針を決定し、法律を制定します。これを受けて、国会によって指名された内閣総理大臣と内閣総理大臣が指名した国務大臣によって構成される内閣が、法律の執行をはじめとする行政権の行使をつかさどり、内閣は、行政権の行使について国会に対して連帯して責任を負うことになります（議院内閣制）。

　つぎに、憲法11条は、「国民は、すべての基本的人権の享有を妨げられない。この憲法が国民に保障する基本的人権は、侵すことのできない永久の権利として、現在及び将来の国民に与へられる」として、第1章で紹介した各種の基本的人権を規定したうえで、97条で、「この憲法が日本国民に保障する基本的人権は、人類の多年にわたる自由獲得の努力の成果であつて、これらの権利は、過去幾多の試練に堪へ、現在及び将来の国民に対し、侵すことのできない永久の権利として信託されたものである」として基本的人権の不可侵性と永久性を改めて強調しています。

　以上をふまえると、国の基本的役割は、国民主権の原理にもとづいて、国民の基本的人権を保障することにあるということになります。ここで国といっているのは、具体的には、国会、内閣、裁判所を含む国の機関

ということになりますが、このうち、国の活動の大部分を占めているのは、内閣を頂点とする行政機関（省庁）の活動ということになります。そこで、以下では、行政機関を中心に論じることとしますが、国会と裁判所についても、同様の視角からの考察が必要になることはいうまでもありません。

　以上は、狭義の国の場合の話ですが、憲法が定める基本的人権の保障は地方自治体の住民にもそのまま適用されますので、地方自治体の基本的役割もまた国と同様に考えることができます。もっとも、自治体の場合、国民一般ではなく当該自治体の住民が対象となるので、国民主権、国民の基本的人権は、自治体については、住民主権、住民の基本的人権に置き換えて考えられることになります。そこで、以下では、とくに断らない限り、自治体を含む広い意味で国という語を、また、住民を含む広い意味で国民という語を使うこととします。

　このようにして、国（自治体を含む）の基本的役割は国民の基本的人権（以下、単に人権ともいいます）の保障にあることになりますが、このことは、国の活動を実際に担当する公務員にもそのまま妥当することになります。すなわち、公務員の基本的役割は国民の基本的人権の保障にある、ということになります。

（3）各省の存在意義

　以下では、このことを狭義の国を例にとって考えてみたいと思います。上記のように、国の役割が国民の基本的人権の保障にあるとはいっても、国の行政領域のすべてが直接的に国民の基本的人権にかかわっているとは限りません。いま国の行政領域を各省で分けて見た場合、現存する10の省について、それぞれの設置法によって各省の任務が定められています。以下、それを手がかりにして、各省と国民の基本的人権とのかかわりについて見てみたいと思います（内閣補助機関である内閣府と憲法上疑義のある防衛省の二つについては、ここでは除外します）。

ア　厚生労働省の場合

　まず、基本的人権とのかかわりが最も明確な形で現れる厚生労働省の場合を見てみます。厚生労働省設置法では、同省の主たる任務として、「国民生活の保障及び向上を図り、並びに経済の発展に寄与するため、社会福祉、社会保障及び公衆衛生の向上及び増進並びに労働条件その他の労働者の働く環境の整備及び職業の確保を図ること」があげられており、①社会福祉、社会保障、公衆衛生の向上、②労働者の働く環境の整備と職業の確保、の二つが同省の主な任務とされています。そして、①の重要分野をなす生活保護行政を見ると、「日本国憲法第二十五条に規定する理念に基き、国が生活に困窮するすべての国民に対し、その困窮の程度に応じ、必要な保護を行い、その最低限度の生活を保障するとともに、その自立を助長することを目的とする」（生活保護法1条）と定められていることに象徴されるように、①は、文字通り憲法25条の生存権を保障するための行政分野ということがわかります。

　また、②のうちの「労働者の働く環境の整備」のための労働基準行政では、「労働者が人たるに値する生活を営むための必要を充たす」（労働基準法1条1項）ための労働条件の確保を、また、②のうちの「職業の確保」を定めた職業安定法では、「各人にその有する能力に適合する職業に就く機会を与え」（1条）ること、および職業選択の自由を保障すること（2条）が目的に掲げられていることに示されるように、文字通り、憲法25条の生存権、憲法27条の労働権、憲法22条の職業選択の自由を保障するための行政領域であることが明確な形で示されています。

イ　文部科学省、環境省の場合

　文部科学省の場合、「教育の振興及び生涯学習の推進を中核とした豊かな人間性を備えた創造的な人材の育成、学術の振興、科学技術の総合的な振興並びにスポーツ及び文化に関する施策の総合的な推進」が任務にあげられています。これは、憲法26条の教育権をふまえたものと解

することができ、その意味において、文部科学省の憲法上の存在理由を示した規定と理解することができます。

　同様に、「地球環境保全、公害の防止、自然環境の保護及び整備その他の環境の保全」を掲げる環境省も、それを憲法上の権利と見るかどうかには争いがあるにせよ、環境権の保護を目的に掲げた規定と読むことができます。

ウ　国土交通省、農林水産省の場合

　国土交通省は、「国土の総合的かつ体系的な利用、開発及び保全、そのための社会資本の整合的な整備、交通政策の推進、観光立国の実現に向けた施策の推進、気象業務の健全な発達並びに海上の安全及び治安の確保」を任務としています。同省は、旧来の建設省、運輸省、国土庁、北海道開発庁の4省庁が統合された巨大省で、旧来の省庁がもっていた独自の役割が統合によってあいまいにされたきらいはありますが、それでも、うえに示した任務は、理念的には、国民が安心して生活できる国土の整備・保全、すべての国民が自由に交通手段を選択し移動できる環境の整備を主な目的としていることがわかります。後者については国民の交通権という形で提唱されてきた経緯にも示されるように、国土保全、観光も含めて、同省の任務を国民の権利（憲法上の基本的人権かどうかはともかくとして）の実現という観点からとらえるべきことが、基本的人権の保障という憲法上の国の役割からは求められることになります。

　同じように、「食料の安定供給の確保、農林水産業の発展、農林漁業者の福祉の増進」を掲げる農林水産省の場合も、農林水産業者の権利・利益の保護を省の任務の一つとしていることを示しています。

エ　法務省、総務省の場合

　法務省も、省の任務の一部として「国民の権利擁護」を掲げるほか、総務省も、「地方自治の本旨の実現及び民主政治の基盤の確立」「消防を

通じた国民の生命、身体及び財産の保護」を任務の一部に掲げていることにも注目しておきたいと思います。

オ　財務省、経済産業省、外務省の場合

さらに、一見すると国民の基本的人権とは縁遠いように見える財務省についても、その任務の一つである「健全な財政の確保、適正かつ公平な課税の実現」は、国民の基本的人権、とくに生存権や教育権の実現に資するための財源保障、そのための公平課税という観点からとらえるべきであり、経済産業省の任務である「民間の経済活力の向上及び対外経済関係の円滑な発展を中心とする経済及び産業の発展並びに鉱物資源及びエネルギーの安定的かつ効率的な供給の確保」も、それ自体は国民の基本的人権に直結はしないものの、究極的には、国民が日々の生活を安んじて送ることができる経済的な環境を保障することを目的していると解することができます。

最後に、外務省の任務である「平和で安全な国際社会の維持」「良好な国際環境の整備」「調和ある対外関係（の維持・発展）」も、国内において基本的人権が尊重されながら安全に生活できる環境を、国際関係において維持し発展させることを目的としていると解することができます。

カ　裁判所の場合

行政機関ではありませんが、裁判所は、文字通り国民の「裁判を受ける権利」（憲法 32 条）を保障することにその存在意義がありますので、ここであわせてあげておきます。

キ　まとめ

以上、各省設置法を手がかりに国の行政の役割を概観してきましたが、各省の担当する事務の内容そのものはきわめて多様ではあるものの、なんらかの仕方で、国民の基本的人権——あるいは基本的人権とまでは明

確にいえないとしても国民の権利・利益——の実現を目的として各省が設置されていることが確認できると思います。

（4）自治体行政の存在意義

　以上、各省設置法が定める任務規定を手がかりにして、各省の任務とそれがもつ国民の基本的人権とのかかわりを概観してきましたが、地方自治体についても、自治事務、法定受託事務のそれぞれについて、同様の視角に立って、住民の基本的人権と自治体行政とのかかわりについての具体的検討が求められます。とくに、自治体においては、生活保護をはじめとする福祉、社会保障、公衆衛生関係の行政、あるいは学校現場を含む教育行政などについては、国の場合以上に住民の基本的人権とのかかわりが密接な場合が少なくないので、基本的人権の保障という公務員の役割は、自治体の方がより鮮明に現れることが多いことに留意しておきたいと思います。

＊警察官、自衛官について

　　人権抑圧機構と位置づけられることが少なくない警察組織についても、少なくとも理念上は、国民の基本的人権を保障するための組織と位置づけられます。警察法1条は、法の目的として、「個人の権利と自由を保護し、公共の安全と秩序を維持するため、民主的理念を基調とする警察の管理と運営を保障し、且つ、能率的にその任務を遂行するに足る警察の組織を定めること」をあげ、「個人の権利と自由」の保護を最も重要な目的として掲げています。また、警察官職務執行法（警職法）は、警察法の定める職権職務を忠実に遂行するための手段として、質問、保護、避難等の措置、立入、武器の使用を定め、これらの手段は、個人の生命・身体・財産の保護などの目的に必要な最小限度で用いるべきとしたうえで、「いやしくもその濫用にわたるようなことがあつてはならない」としてその濫用を厳しく禁止しています（1条1項・2項）。このように現在の警察組

織は、戦後の警察民主化[14]を受けて、少なくとも理念上は、国民の権利・自由の保護機関と位置づけられていますが、実際には、権限の濫用を通して個人の権利の抑圧と政治権力の擁護の機能を果たしているという現実があります。

　憲法の観点から警察の存在理由を考えるならば、個人の権利・自由（基本的人権）を守るために果たすべき警察の役割は、きわめて大きいものがあります。たとえば、表現の自由に対する外部からの暴力的な攻撃や過激なヘイトスピーチに見られるように、当事者による対応だけでは権利・自由が守られない場合に、警察力によってそれを守ることは、警察法・警職法上の警察の義務であるだけでなく、憲法から導かれる要請でもあると考えられます。

　したがって、個人の権利・自由を侵害する警察権の乱用をきびしくチェックすることとあわせて、個人の権利・自由を現実に保障するために果たすべき警察の責務を明確にし、それを果たさせるための法的手段を明確にすることが今後の重要な課題になってきます。

　他方で、自衛官については、憲法9条との関係で自衛隊の存在自体の違憲性の問題はありますが、現に自衛隊が存在し、すぐにはそれを解消できないという現実を前提とすると、自衛隊が存在している間の公務員としての自衛官のあり方を考える必要があります。ここでは、自衛官も一国民として憲法上の基本的人権を保障されていること、そして、自衛官も全体の奉仕者として国民の基本的人権の保障の役割を負っているこ

---

[14] 戦前の警察は、組織的には内務省のもとに置かれ、中央集権的性格が濃厚であり、また、警察の活動も、思想の取り締まりに猛威をふるった特高警察に象徴されるように、反民主主義的な性格を強くもっていました。これに対して、日本国憲法を受けて発足した戦後の警察は、自治体警察を中心に置く警察組織の分権化と、特高警察の廃止に象徴される警察活動の民主化を目的にして、警察制度の抜本的な改革が行われました。本文に紹介した警察法や警職法の規定はそれを反映したものということができます。その後、警察法は、時の政府の意向を踏まえていくつかの改定が加えられてきましたが、現在でも、理念上は、戦後の民主化・分権化の建前を維持しているということができます。

とを、まずは共通の認識にする必要があります。そのうえで、自衛官としての職務の特殊性をふまえた具体的検討が必要となることを、ここでは指摘しておきたいと思います。

（5）職務の専門性と総合性

　以上のように、全体の奉仕者としての公務員の役割は国民の基本的人権の保障にあるということになりますが、この公務員の役割は、実際には、職務の専門性および総合性を通して実現されることになります。

ア　専門性を通して発揮される公務員の役割

　まず、公務員の職務は、担当する分野や職種のいかんを問わず、一定の専門性をもっており、国民の人権保障という公務員の役割は、公務員としての職務がもつこの専門性を通して発揮されることになります。

　たとえば、国家公務員の採用試験は、現在、経験者採用試験を別とすれば、総合職試験、一般職試験、専門職試験の三種類に分かれており、このうち、専門職採用試験は、国税専門官、食品衛生監視員、労働基準監督官、航空管制官、刑務官、入国管理官など多岐に分かれており、それぞれについて、基礎能力試験、専門試験などの試験が課せられ、それぞれの職種にふさわしい職務遂行能力と官職についての適性の有無の判定（国公法45条）が行われることになっています。また、総合職、一般職の採用試験においてもさまざまな区分試験があり（行政、人間科学、工学、法律、経済など）、それぞれの区分ごとに専門的知識が問われるようになっています。このように、すべての公務員は、採用にあたって、採用試験の種類ごとに専門性の程度や内容に違いはあっても、公務員になるのに必要な一定の専門的な知識と素養が要求されることになります。

　また、いったん採用されたのちにおいては、長年にわたる勤務を通して、具体的職務を積み重ねながらその専門性をさらに涵養していくことが求められます。

ここで重要なことは、その専門性とは、単なる専門的な知識や技術のことではなく、全体の奉仕者としての公務員の役割を発揮するために求められる専門性、いいかえると専門性の発揮を通して国民の人権保障のために奉仕するという意味での専門性を指しているということです。

　たとえば、現在大きな課題になっている行政のデジタル化を例にとると、行政の目的が国民の人権保障にある以上、行政のデジタル化そのものも、国民の人権保障を目的に行われなければならないことになります。もちろん、デジタル技術を活用した行政の効率化や利便性の向上の必要性は否定できませんが、効率化によって国民の人権保障がおろそかになっては本末転倒の結果を招くことになります。行政のデジタル化が国民生活や行政の現場に及ぼすさまざまな影響に配慮しながら、個人情報の保護を含め、本当の意味で国民の人権保障に資するデジタル化に向けて、全体の奉仕者としての資質と専門家としての能力を発揮することこそ、ここでの公務員の独自の役割ということになります。そのためには、単にデジタルに関する専門知識と技術だけでなく、行政の役割に対する深い自覚と行政の仕組みについての総合的な理解が求められることになります。公務員のこの役割は、いかに専門能力にたけていても民間企業によっては養うことのできない、全体の奉仕者としての公務員に特有の役割ということになります。

　この意味において、民間企業における職務の専門性と、公務員が全体の奉仕者としての立場から発揮する職務の専門性との間には、おのずから大きな違いがあると考えるべきことになります。公務員に要求される専門性は、職種や行政領域によって一律ではありませんが、全体としてそれが国民の人権保障という目的のために発揮されるという点にこそ、民間企業の専門性には見られない独自の意味がある、ということになります。

＊学校用務員の専門性

> 伊藤勉「公務労働者としての学校用務員に誇りを」(『自治と分権』65号〔2016年〕)は、愛知県豊橋市の学校用務員が、単に業務に必要な技術や知識の習得だけでなく、教職員の一員として、児童・生徒の成長を援助するという観点、さらには、教育的見地にもとづいた技術・知識、手法が活用されなければ用務員としての本義を失うとの自覚にたって、職場討議と自発的な研修を積み重ねながら、全市的な「共同作業」に取り組んだ経験を伝えています。この取り組みは、学校関係者だけでなく、教育委員会、市当局からも高い評価と賛同を得て、学校用務員自身の誇りとやりがいを高めていること、多くの自治体で現業部門の民間委託が進んでいるなかで、同市では継続的に新規採用が進められ、若い世代への継承も進んでいること、などがそこでは紹介されています。学校用務員の専門性が、仕事に必要な技術・知識の専門性だけでなく、教職員の一員として児童・生徒の成長を援助するという専門性の両面から描かれており、文字通り「全体の奉仕者」としての公務員の専門性のあり方が浮き彫りにされています。

イ　職務の総合性

　職務の専門性とかかわって、ここで職務の総合性についてもひとこと触れておきます。

　公務員の職務は、個々に切り離されたものではなく、相互に関連しあいながら、全体として公務の相手方である国民に奉仕する、という関係に置かれています。なかには、個々の職務がそれ自体で完結する場合もあるでしょうが、その場合でも、その職務は、当該行政領域の一部門として位置づけられることによって、当該行政領域全体が最終的に国民の人権保障に結びつくという関係に置かれることになります。すなわち、公務員の従事する職務というものは、個々の職務の評価だけでなく、当該行政領域全体が国民の権利の実現に奉仕する関係にあるという総合的

な観点からとらえ、それとの関連で個々の職務がもつ意味を考えるという視点が必要になると思われます。

このように考えるならば、公務員の働き方としても、個々の職務を担当者だけに任せて終わりにするのではなく、常に職場全体で議論しながら、当該行政領域全体として国民の権利保障によりふさわしい職務遂行のあり方を集団的に追求するという姿勢が求められることになります。

第3節　公務員の憲法擁護義務

（1）憲法10章と公務員の憲法擁護義務

ア　憲法10章の意義

公務員の全体の奉仕者性と密接に関連する憲法の規定として、公務員の憲法擁護義務を定めた憲法99条があります。

ここで、第1章で紹介した日本国憲法第10章の規定にもう一度立ち戻ってみます。

憲法10章を見ると、「最高法規」のタイトルのもとに三つの条文が並んでいます。最初に、97条で、基本的人権が侵すことのできない永久の権利として現在および将来の国民に信託されたものであることが定められ、続いて、98条で、日本国憲法が国の最高法規であることが規定され、最後に、99条で、「天皇又は摂政及び国務大臣、国会議員、裁判官その他の公務員は、この憲法を尊重し擁護する義務を負ふ」として、天皇・摂政とすべての公務員が、憲法を尊重し擁護する義務（以下、単に「憲法擁護義務」といいます）を負うことが定められています。なお、天皇と摂政は公務員ではありませんが、公務員とともに憲法擁護義務の対象とされています。

憲法学においては、一つの章に置かれたこの三つの条文は内容的にまとまったものではないという見解も見られますが、ここでは、この三つは、相互に密接に関連する規定と考えたいと思います。すなわち、97

条では、憲法第3章で定められたさまざまな基本的人権の規定をふまえ
たうえで、改めて基本的人権の不可侵性と永久性を再確認し、続く98
条では、これら基本的人権の保障を含む日本国憲法が国の最高法規であ
ることを宣言し、最後に、99条で、公務員に対して、基本的人権の保
障を中心とする憲法の諸規定を擁護する義務を課している、という相互
連関で統一的にとらえることができるのではないか、ということです。

　以下では、99条の憲法擁護義務をとりあげますが、その前に憲法改
正との関係についてひとこと触れておきます。憲法96条は、衆参各議
院の総議員の3分の2以上の賛成で国会がその改正を発議し、国民投票
で過半数の賛成を得ると憲法を改正することができると定めています。
したがって、この手続にのっとって国会議員が憲法改正を発議・議決す
ることは許されますが、この手続によって憲法が改正されない限りは、
国会議員や大臣を含むすべての公務員は、現行憲法を尊重し擁護する義
務を負っているということになります。

イ　全体の奉仕者性と憲法擁護義務

　公務員に課せられたこの憲法擁護義務が、憲法15条2項の公務員の
全体の奉仕者性と密接に結びついていることはいうまでもありません。
公務員は、常に全体の奉仕者の観点に立って、憲法を尊重し擁護しなが
ら職務の遂行にあたらなければならない義務を負うことになり、公務員
になる際の宣誓文に、この二つのことがともに明記されているのも、そ
のことを示しています。先に、国家公務員に採用されるにあたっての宣
誓文を紹介しましたが、改めて、地方公務員の宣誓文とあわせて紹介し、
このことを確認しておきたいと思います。

＊国家公務員の宣誓文

　「私は、国民全体の奉仕者として公共の利益のために勤務すべき責
務を深く自覚し、日本国憲法を遵守し、並びに法令及び上司の職務

上の命令に従い、不偏不党かつ公正に職務の遂行に当たることをかたく誓います。」（職員の服務の宣誓に関する政令）

＊地方公務員の宣誓文

「私は、ここに、主権が国民に存することを認める日本国憲法を尊重し、且つ、擁護することを固く誓います。

　私は、地方自治の本旨を体するとともに公務を民主的且つ能率的に運営すべき責務を深く自覚し、全体の奉仕者として誠実且つ公正に職務を執行することを固く誓います。」（職員の服務の宣誓に関する条例（案））

両者の間には微妙なニュアンスの違いが見られますが、いずれの宣誓文にも、全体の奉仕者として職務遂行にあたること、そして、日本国憲法を遵守し尊重・擁護することがうたわれており、全体の奉仕者性と憲法擁護義務の双方が宣誓内容の中心にすえられていることを確認することができます。

＊国家公務員と地方公務員で異なる宣誓文の内容

川村祐三『ものがたり公務員法』（日本評論社、1997年）72頁以下によれば、かつて国家公務員の宣誓文は人事院規則で定められており、そこには、「主権が国民に存することを認める日本国憲法に服従し」、「公務を民主的且つ能率的に運営すべき責務を深く自覚し」といった、現在の地方公務員の宣誓文と同様の文言が使われていました。ところが、ILO87号条約の批准に伴う1965年の国公法改正によって、宣誓に関する事務が人事院から内閣総理大臣（総務庁人事局）に移されたため、宣誓文の制定も政令事項に変更になり、政令によって本文で紹介したような現在の文章に変えられることになったとのことです。川村上掲書74頁は、この変化を「人事局の労務対策機関としての意識が働いた」結果ではないかと

推測していますが、当初あった「国民主権」や「公務の民主的運営」が政令への移管に伴って消えるなど、憲法をふまえた当初の宣誓文の民主的内容が薄められることになった背景については、同氏の推測がまさに的を射ているものと思われます。

（2）憲法擁護義務をめぐるいくつかの論点

　憲法擁護義務をめぐっては、最近さまざまな論点が生じていますが[15]、ここではいくつかの点にしぼって述べておきたいと思います。

　①憲法擁護義務は、公務員が職務を行うにあたって負う義務ですので、公務員は、日常の職務の遂行を憲法に照らして検証し、違憲の職務遂行を防止する義務を負っていることになります。上司に違憲の職務行為を命じられたときにどうするかという問題については4章4節の（1）で改めて触れることにします。

　②憲法擁護義務は、あくまでも公務員の憲法擁護義務であるということ、つまり全体の奉仕者としての公務員が、その職務の遂行にあたって負う義務だということです。したがって、公務員が職務を離れて、一私人として行動する場合については、当然99条の規定の範囲には入りません。

　③憲法擁護義務は、倫理的・道徳的性質の義務といわれることもありますが、（1）で述べたように、公務員には憲法を擁護することを内容とする宣誓の義務が国公法・地公法によって課せられており、憲法に違反する職務遂行は公務員の職務上の義務違反として懲戒処分の対象になりうることをふまえると、憲法擁護義務は、単なる倫理的・道徳的義務ではなく、法的義務と考えるべきことになります。

　④公務員が担う行政に対しては公正・中立の原則が求められますが、

---

[15] 憲法擁護義務については、晴山「自治体職員の憲法擁護義務」自治と分権72号（2018年）を参照ください。

これは、憲法に対する中立を意味するものではありません。現行憲法に対しては、護憲・改憲を含めてさまざまな意見や立場がありますが、公務員は、あくまで現行憲法の擁護義務を負うのであって、行政の中立性を理由にして、憲法に対して中立の立場をとることは許されないことになります。公務員は、現行憲法を擁護する立場に立って職務を公正・中立に遂行しなければならない、というのが憲法99条の趣旨ということになります。

4章　全体の奉仕者性の実現に向けて

　第3章では、憲法15条2項が定める「全体の奉仕者」が、社会に生活する具体的人間を想定したうえでの“国民全体の奉仕者”という意味であること、そして、全体の奉仕者としての公務員の基本的役割が、国民の基本的人権の保障にあることを確認したうえで、全体の奉仕者としての公務員が負う憲法擁護義務について見てきました。

　それでは、憲法が定める全体の奉仕者としての公務員のあり方を実現していくためは、いったい何が求められるのでしょうか。そして、そのために必要となる公務員制度改革の課題とはいったい何なのでしょうか。

　本書の最終章にあたる本章では、これらの点について私が考えていることを述べてみたいと思います。以下では、これまであまり論じられてこなかった論点についての私自身の問題提起も含まれていますが、日本国憲法が描く公務員像の具体化に向けて、今後の議論の素材を提供することができれば幸いです。

第1節　制度的裏づけの強化

　公務員が全体の奉仕者であることは憲法の要請ですので、その要請にもとづいて、国公法・地公法にもさまざまな制度や仕組みが定められています。以下、身分保障、勤務条件、人事行政の公正・中立性の三点について見ておくこととします。

（1）身分保障

ア　趣旨

　公務員が国民全体の奉仕者としての職務を全うできるようにするためには、まずなによりも、公務員が安心して職務に専念できるように、その身分が保障されていることが必要になります。このため、国公法74条1項は、「すべて職員の分限……については、公正でなければならない」と定めています。公務員法で分限という語は、一般的には公務員の身分のことを指しますが、ここでは、降任、休職、免職という身分上の変化のことを意味しており、公務員にとって不利益となるこれらの処分（分限処分）が公正に行われなければならない、というのが同項の趣旨です。

　つづいて、同法75条1項は、「身分保障」という見出しのもとで、「職員は、法律又は人事院規則に定める事由による場合でなければ、その意に反して、降任され、休職され、又は免職されることはない」と定めています。これは、分限処分の理由を法令で定める事由に限定することによって、公務員が、任命権者の恣意的な分限処分にさらされることを防ぐことを目的とした規定であり、これが、一般に公務員の「身分保障」と呼ばれているものです。

　地公法にも同様の規定が置かれており（27条1項・2項）、公務員の身分保障は、国家公務員と地方公務員を通じた現代公務員制度の最も重要な原則の一つとなっています。

　公務員制度の歴史においては、選挙で勝利して政権についた政党の支持者が公務員に採用され、政権が変われば新たな政権の支持者に公務員を入れ替える猟官制（スポイルズ・システム）と呼ばれる慣行が支配的な時代がありました。ある意味では民意を忠実に反映する民主的制度ともいえるこの制度は、社会の発展に伴う公務の多様化・専門化のなかで、次第に当初の民主的理念を失い、成績主義（メリット・システム）に取って代えられることになります。成績主義とは、その者の政治的立場ではなく、公務員としての客観的能力を基準にして、採用をはじめとする各

段階の人事行政を行うという考え方で、日本を含めて現代公務員制度における支配的な制度として採用されています。

　こうして、現在の公務員制度においては、成績主義のもとで、公務員は、任命権者の恣意的な分限処分から保護され、その身分の安定が保障されることになります。公務員に対するこの身分保障は、公務員が、身分喪失の脅威にさらされることなしに、安心して国民全体の奉仕者としての職務を全うできるようにするための不可欠の要請であり、この意味において、公務員の身分保障は、公務員の全体の奉仕者性を定めた憲法15条2項から導かれる憲法上の要請と考えることができます。

　イ　問題

（a）国公法78条は、本人の意に反して免職や降任ができる事由として、①勤務実績不良、②心身の故障、③官職に必要な適格性の欠如、④廃職・過員の発生、の四つを定めています。①〜③は、これを厳格に解釈することを条件にその正当性を認めることができますが、④は、これを機械的に適用すると、公務員の身分保障を根底から揺るがしかねないという問題をはらんでいます。社会保険庁の廃止に伴って2009年に525名もの職員が分限免職処分を受けたことがありましたが、この事件は、④がはらむ危険性を象徴する事例にほかなりません[16]。④については、公務員の身分保障の観点から、ごく限られた例外的場合に限ってのみ適用されるよう、厳格な解釈が求められます。

（b）身分が不安定な非正規公務員の存在は、文字通り身分保障の原則と正面から矛盾するものといわなければなりません。身分保障が公務員の全体の奉仕者性から導かれるものであることからすると、身分保障が脆弱な非正規公務員の存在は、当の非正規公務員のみならず、国民自身

---

[16] 社会保険庁分限免職事件については、晴山「社保庁裁判をめぐる公務員法上の論点」法律時報86巻9号（2014年）を参照ください。

にとっても、みずからの基本的人権にかかわる重大な問題であることを改めて確認する必要があります[17]。

（2）適正な勤務条件の保障

ア　趣旨

公務員が安心して全体の奉仕者としての職務に専念できるようにするためには、その身分が保障されることに加えて、適正な勤務条件が保障される必要があります。

ここで勤務条件というのは、一般にいう労働条件のことで、給与、勤務時間、休日、休暇、安全・衛生のほか、昇任・降任・免職・懲戒の基準など、公務員が勤務を提供するかどうかを決めるにあたって考慮の対象になる利害関係事項が広く含まれます。公務員の場合、これらの勤務条件は法律・人事院規則（国家公務員の場合）や法律・条例・規則（地方公務員の場合）によって定められていますが（勤務条件法定主義）、これらの勤務条件の内容は、公務員が全体の奉仕者としての役割を十分に発揮できることを保障するに足りる適切で十分な内容のものでなければなりません。また、第1章で述べたように、公務員にも憲法上労働基本権が保障されていますので、勤務条件の決定にあたっては、労働組合（職員団体）との十分な交渉が必要になることはいうまでもありません。

イ　問題

（a）国家公務員の給与については、現在、人事院勧告制度がとられていますが、政府は、2012年、人事院勧告を事実上無視する形で、7.8％もの大幅な給与削減措置を議員立法にもとづいて強行しました。この事

---

[17] 公務員の身分保障の観点から見て、大量の非正規公務員の存在は、単なる政策上の問題であるだけではなく、憲法から見ても大きな問題を含んでいます。このことについては、晴山「非常勤職員制度の憲法的限界——戦後公務員法制における非常勤職員制度の位置をふまえて」労働法律旬報1929号（2019年）を参照ください。

態は、争議行為禁止の代償措置とされてきた人勧制度への信頼を根底から掘り崩すものであると同時に、改めて争議行為禁止自体の違憲性の問題を浮かびあがらせるものであったということができます[18]。

（b）給与と並んで重要な定員については、管理運営事項であることを理由に労働組合との交渉事項から外されています（国公法108条の5第3項、地公法55条3項参照）。序章で見たように、この間の大幅な定員削減は、公務員に対する労働強化と行政サービスの著しい低下を招いており、たとえ管理運営事項であっても、公務員の勤務条件と密接に関連する事項については団体交渉の対象として位置づけ、そこに労働組合の要求を反映させることが求められます。

（c）給与をはじめとする勤務条件の劣悪さが、とりわけ非正規公務員に著しいことの問題性については、これまで繰り返し述べてきた通りです。

（3）人事行政の公正・中立

ア　趣旨

公務員が全体の奉仕者としての役割を全うできるようにするためには、公務員に対する人事行政が公正・中立であることが必要になります。ここで人事行政というのは、公務員の採用から離職に至るまでの各種の人事上の取り扱いのことをいい、人事管理といいかえてもよいのですが、この意味での人事行政がすべての公務員に対して公正・中立に行われることは、単に公務員の権利保護の観点からだけでなく、全体の奉仕者としての公務員の職務遂行にとっても不可欠の要請ということになります。人事行政の公正・中立がすぐれて国民的な課題であることは、第二次安倍政権のもとで横行した官僚に対する恣意的人事が、いかに行政の公正・

---

[18] 2012年の給与削減の問題点については、晴山「給与削減措置の違憲性」労働法律旬報1813号（2014年）を参照ください。

中立をゆがめ、国民の利益に反する結果を招いたかを想起すれば明らかです。

　戦後の公務員制度は、人事行政の公正・中立を確保するためにさまざまな制度を設けてきました。国においては、①人事行政全般をつかさどる行政機関として、政治的中立性を保障された独立第三者機関（独立行政委員会）として人事院を置き、人事行政の公正・中立の確保と公務員の権利・利益の保護にあたらせること、②公務員に対する恣意的な処分に対しては、人事院への不服申立と裁判所への取消訴訟という救済制度を設けたこと、などをあげることができます。自治体においても、国より不十分とはいえ、人事委員会（都道府県・政令指定都市等）・公平委員会（市町村）が置かれ、人事行政の公正・中立と公務員の利益保護の任務にあたってきました。これらがどこまでその機能を十分に果たしているかについては十分な検証が必要となりますが、このような仕組みが制度化され、一定の機能を果たしていること自体が、人事行政の公正・中立の確保が、全体の奉仕者という公務員の憲法上の役割から導かれる重要な要請であることを示しています。

イ　問題

（ａ）この点で、2014年の国公法改正は、二つの意味で重大な問題を含んでいます。

　一つは、それまで各省の公務員の任免は、任命権者である各省大臣が行ってきましたが、幹部職員（事務次官・局長・部長）の任免については、各省大臣が内閣総理大臣・内閣官房長官との協議を経たうえで行うことに変更されたことです。任免権は形のうえでは従来通り各省大臣に残りはしたものの、任免協議が整わなければ任免できないことになり、事実上任免権は内閣総理大臣によって掌握されることになり、幹部人事に政権の意向が強く反映される仕組みが作りあげられることになりました。

　もう一つは、これまで人事院の権限とされていた人事行政上の権限の

多くが新たに設置されることになった内閣人事局に移され、各般の人事行政に対して内閣の意向が反映される仕組みが作られたことです。

（b）人事院のあり方については、将来の公務員制度改革との関係でさまざまな観点からの検討が必要になりますが、私自身は、戦後の公務員制度の歴史において人事院が果たしてきた役割には大きなものがあったと考えています。そのこともふまえて、労働基本権との関係での人事院勧告制度のあり方も含め、今後、多面的な角度から人事院のあり方についての検討が必要になってきます。とくに、最近における政官関係のあり方の問題（後述）を含めて、これまで人事院が果たしてきた役割と限界の双方を視野に入れながら、今後の人事院制度（あるいは人事院に代わる独立人事行政委員会制度）のあり方を多面的な角度から検討することは、今後の公務員制度改革にとって不可欠の課題といわなければなりません。

　自治体の人事委員会・公平委員会についても、同様の視角からの検討が求められます。

第2節　全体の奉仕者性を身につけるために

　公務員が全体の奉仕者性を身につけ、日常の職務にそれを発揮できるようにするためには、どうすればよいのでしょうか。もちろん、公務員自身が全体の奉仕者であることを自覚しながら職務遂行にあたるように努力すべきことは当然ですが、全体の奉仕者性は個人の努力と心構えだけに帰すべき問題ではなく、制度のあり方の問題として位置づけ、公務全般にわたって全体の奉仕者性が貫かれるような制度的仕組みを作っていくことが重要になってきます。現状では、公務員がみずからを全体の奉仕者として意識する機会は、就任時の宣誓文に「全体の奉仕者」の語が出てくるぐらいで、公務員生活全体を通じて全体の奉仕者性を身につけるための制度や仕組みは、非常に弱いのが実情ではないかと思われます。

以下では、公務員が全体の奉仕者性を身につけ、それが職務のなかで貫かれるようにするためには何が必要になってくるのかについて、国家公務員の採用制度と研修制度の二つを例にとって考えてみます。地方公務員についても基本的に同様のことが妥当することはいうまでもありません。

（1）採用制度の改革

　まずなによりも、公務員に就任するにあたって、自分が全体の奉仕者であることについての自覚と理解を身につけていることが必要になります。現在、公務員の採用試験は、職務遂行能力と官職についての適性の有無の判定を目的として行われていますが（国公法 45 条）、なによりも、公務員志望者に対して、公務員になればみずからが遵守義務を負う日本国憲法と、公務員の全体の奉仕者性が憲法上の要請であることについて、基本的な認識を問うことが求められます。

　この点について、国家公務員の採用試験の目的として、「国民全体の奉仕者として、国民の立場に立ち、高い気概、使命感及び倫理観を持って、……国民の信頼に足る民主的かつ能率的な行政の総合的な推進を担う職員となることができる知識及び技能、能力並びに資質を有する者を確保する」[19] ことが掲げられていることは、当然のこととはいえ注目してよいと思います。問題は、実際に現在の採用試験がこの目的にふさわしい内容になっているかどうかということにあり、この点を十分に検証したうえで、全体の奉仕者たるにふさわしい公務員の採用を可能とする採用試験制度の改革が今後の重要な課題になってきます。

（2）研修制度の改革

　いったん公務員に採用されたのちは、日常の職務遂行を通して全体の

---

[19] 採用試験の対象官職及び種類並びに採用試験により確保すべき人材に関する政令 3 条。

奉仕者性を身につけていくことになりますが、これもまた、公務員の個人的努力だけにゆだねてよい問題ではなく、公的な研修の機会を通して全体の奉仕者性を身につけていくことが重要になります。

　現在、人事院の研修は、「国民全体の奉仕者としての使命の自覚及び多角的な視点等を有する職員の育成」（国公法70条の6・1項1号）を目的の一つに掲げていますが、これが実際の研修においてどこまで具体化されているかを検証し、この目的によりふさわしい内容の研修制度を構築していく必要があります。とくに、日本国憲法の三原理、公務員の憲法上の地位を定めた憲法15条1項・2項、公務員の憲法擁護義務を定めた憲法99条を中心とした憲法の理解と習得を研修の重要な目的の一つに位置づけ、すべての公務員に対して憲法に関する系統的な研修体制を構築することが重要となります。

＊日本国憲法施行直後の公務員研修

　この点で注目されるのは、日本国憲法制定直後に行われた研修の内容です。日本国憲法制定直後、当時の政府と帝国議会は、新憲法の普及に多大の努力を傾注しました。内閣が『新憲法の解説』を、文部省が『新しい憲法のはなし』を、議会内に設置された憲法普及会が『新しい憲法・明るい生活』をそれぞれ発行し、全国での憲法講習会の開催、憲法正文の大量印刷と配布、メディアや社会教育施設を利用した憲法普及活動など、全国で新憲法の普及に向けた一大国民運動が展開されました。

　また、憲法普及会は、たんに憲法の条文の紹介にとどまらず、「新憲法を貫く民主主義、平和主義の烈々たる精神を昂揚し、新日本再建の透徹せる信念と不撓なる気魄の喚起に努めんとするものである」との立場に立って全国で憲法講習会を展開し、その一環として東大で行われた特別講習会には、警視庁からの50人を含む各省庁の中堅官吏700人に東大生を含む1000人が参加して、4日間にわたって熱心な質疑応答が行われたとされています。

他方で、新憲法を受けて制定された国公法について、人事院が中心と
なって公務員研修が連続して開催され、新たに制定された国公法の解説
とあわせて、新憲法の精神と日本の民主化に向けた今後の課題について
の研修が行われました[20]。

憲法施行直後に連続して行われたこれら一連の研修には、憲法にもと
づく公務員研修の一つのあり方が象徴的な形で示されているということ
ができ、70年以上を経た現在においてもなお、公務員研修の今後のあり
方を考えるうえで大きな示唆を与えてくれます。

第3節　政と官のあるべき関係の確立

（1）問題の所在

全体の奉仕者性の具体的あり方を考えるうえでさけて通ることのでき
ない問題が、いわゆる「政」と「官」の関係をどう考えるべきかという
問題です。

ここで「政」というのは、政治部門を構成する公務員のことであり、
国でいえば、内閣総理大臣、国務大臣（各省大臣と無任所大臣）、副大臣、
大臣政務官、内閣官房長官等とそれを支える内閣官房の基幹的職員を、
自治体でいえば、知事、副知事、市町村長、副市町村長などを指してお
り、それを除いた一般の公務員のことを「官」といっています（以下、「　」
は省略します）。政の多くは、国公法・地公法が適用されない特別職の公
務員ですが、憲法上の公務員には含まれますので、これらの公務員もま
た、憲法15条2項にいう「全体の奉仕者」ということになります。なお、
国会議員は、内閣総理大臣の指名や法律・予算の議決など重要な政治的
権限をもっているという点で政に含まれますが、以下では、官に対して

---

[20] 以上の点については、晴山「憲法の『全体の奉仕者』の意味するもの」自治と分権64号（2016
年）51頁で簡単に紹介しています。

任命権や指揮監督権などの権限をもっている政を念頭に置いて政官関係のあり方を考えることが主題となりますので、その場合には、国会議員は政に含めないという前提で議論を進めることにします。地方議会の議員についても同様です。

　通常、公務員といえば官をイメージすることが多く、本書でも、これまでは、とくに断ることなしに官を念頭においた叙述の仕方をしてきました。ところが、1990年代後半以降の「政治改革」の流れのなかで、とくに第二次安倍政権の時代に、政と官の関係のあり方に大きな変化が生じ、「政による官の支配の強化」という現象が顕著になってきました。こうした事態を前にして、憲法上の全体の奉仕者としてのあり方は政と官で同じなのか違うのか、また、そもそも両者の関係をどのように考えるべきなのかという問題が、政治的にも理論的にも大きな問題として浮上してきました。この問題は、当の公務員にとってはもとよりのこと、公務員が奉仕する相手方である国民にとっても、さけて通ることのできない重要な問題であることが、この間の一連の事態を通して明らかになってきました。

（2）政と官のあるべき関係
ア　政の役割

　憲法が定める民主主義のもとでは、「国権の最高機関であつて、国の唯一の立法機関」（憲法41条）である国会が定めた法律に従って、行政権の担い手である内閣（同65条）が、「法律を誠実に執行し、国務を総理する」（同73条1号）役割を負っています。こうして、選挙で勝利した国会の多数派が内閣を構成し、その内閣が、国会に対して連帯して責任を負いながら（同66条3項）、国会の定めた法律と予算に従って行政権を行使する、というのが憲法の定める議院内閣制の要請ということになります。

　しかし、このことは、選挙で国民の信を得さえすれば、国会の多数派

と内閣が、少数意見を無視して政治と行政を推進してよいことを意味するわけでは決してありません。重要なことは、国会（立法部門）と内閣（行政部門）の双方に対して、少数意見を含む国民の多様な意見をできるだけ反映させ、多くの国民の納得と信頼のもとで政治と行政を進めていくということであり、これは、現代民主主義の不可欠の要請ということになります。

　公務員の基本的役割が国民の基本的人権の保障にあることはすでに述べた通りですが、このことを前提として政の役割を考えるならば、それは、うえに述べた現代民主主義の要請をふまえて、国民の基本的人権の保障の観点に立って、国の基本政策を決定し（国会）、決定された政策を国民のために忠実に実施する（内閣）ということにあり、これが、全体の奉仕者としての政に対する憲法の要請であり、国民の期待でもあるということになります[21]。

イ　官の役割

　これに対して、政が決定した基本方針を受けて、実際の行政の場において、何が国民全体に奉仕することになるかを、みずからの専門性をふまえて判断しながら具体的職務の遂行にあたることが、官に課せられた基本的な役割ということになります。

　そこでは、政が決めた政策を機械的・盲目的に執行するのではなく、相手方国民が置かれた具体的事情をふまえながら、どうすれば相手方の権利の実現に最も資することになるかを具体的に判断しながら職務の遂行にあたることが求められます。それは、個々の公務員に課せられた役割であると同時に、当該行政領域が全体として担う役割でもあり、さらにいえば、行政部門である官全体に課せられた役割でもあるということ

---

[21] 自治体の場合は、長と議会の二元制がとられている点で国との違いはありますが、政治部門である長と行政部門である一般の公務員との関係に即していえば、基本的に国の場合と同様のことが妥当すると考えられます。

になります。

ウ　政と官のあるべき関係

　以上が、政と官それぞれの基本的な役割であり、政と官の双方は、この相対的に異なる両者の役割を相互に尊重しあいながら、政治と行政の最終目的である国民の基本的人権の保障をめざして協力しあうというのが、政官関係の本来あるべき姿ということになります。そこでは、政に対しては、官の意見をできるだけ尊重しながら政治を進めることが、また、官に対しては、行政の専門家として政に意見を述べ、政の判断にそれを反映させるよう努めることが求められることになります。この意味で、両者の関係は、国民の基本的人権の保障という共通の目的の実現に向けた役割分担と協力・協同の関係ということができます。

　もちろん、このことは両者が対等関係にあることを意味するものではありません。国民主権のもとでは、国民の多数の支持をえた政権＝政の優位を前提としたうえでの両者の役割分担と協力協同の関係であり、最終的に両者の意見が一致しない場合には、政治部門の意見が優越することになります。そして、その場合に政の下した判断についての最終的な政治責任は、当然政が負うことになることはいうまでもありません。

（3）「政治改革」による政官関係の歪曲

　戦後の政官関係を振り返って見ると、政の側が官の独自の役割をそれなりに認めたうえで政としての判断を行うという慣行が、戦後50年近くにわたってそれなりに定着してきたと評価することができます。そして、この慣行のもとで、官＝公務員は、縦割行政などさまざまな問題を抱えながらも、国民の人権保障という全体の奉仕者としての役割を一定程度果たしてきたということができます。

　ところが、両者の関係を大きく転換させることになったのが、1990年代半ばの「政治改革」（以下「　」は省略します）に始まる一連の動き

でした。政治改革の論理は、端的にいえば、"選挙で勝利した国会の多数派によって構成された内閣が、国益よりも省益を優先しようとする省庁官僚制の抵抗を排除して、内閣総理大臣の強力なリーダーシップのもとで、国民によって負託された政策を実現する"というものであり、これこそが憲法の定める国民主権と議院内閣制の要請だ、ということになります。ここでは、"国民→選挙→国会の多数派→内閣→省庁→国民"という直線的な図式が成り立ち、"選挙で勝利した多数派の声こそ国民の声"という名のもとで、先に述べた、少数意見を含む国民の多様な意見をできるだけ反映させ、多くの国民の納得と信頼のもとで政治と行政を進めていくという現代民主主義の要請は、後景に退けられてしまうことになります。

　こうした論理のもとで、1994 年に小選挙区制を中軸に据えた選挙制度の改革と政党助成金制度の創設を柱とする政治改革が強行され、続いて、この新しい選挙制度により勝利を得た自民党政権によって、2001年には内閣機能の強化と中央省庁の大規模な再編を柱とする中央省庁改革が行われ、さらに、2014 年には政治主導による公務員人事を進めるために内閣人事局の創設を柱とする公務員制度改革が行われる、という経過をたどることになります。こうして、政治改革→中央省庁改革→公務員制度改革という、ここ 30 年近くにわたって連続的に進められてきた一連の「改革」の結果、戦後の政官関係のあり方は、"政による官の支配"と"官の独自の役割の否定"という方向へと大きな転換が図られることになりました[22]。

（4）政官関係の改革に向けて

　以上に見た政治改革を起点とする政治主導に向けた流れを断ち切り、（2）で描いた政と官の本来あるべき関係を確立するためには、選挙制度、国会のあり方、国会と内閣の関係を含め、現在の統治機構全体を先に述べた現代民主主義の観点から根本的に見直すことが必要になってきます。また、公務員制度との関係でも、憲法 15 条 1 項、同条 2 項、99 条の観点に立って、採用から離職に至るまでの人事行政全般にわたる再検討が求められることになります。

　政治学、憲法学を含め多角的観点に立った考察が求められるこれらの課題については、別の機会に譲り、本書では、以下、二つの論点をとりあげることとします。

　一つは、先に述べた政と官の本来あるべき関係を作り出すためには、政による官への不当な支配を防ぎ、政に対して官の意見をできるだけ反映させるためのさまざまな方策が決定的に重要な意味をもつということです。これが実現されるならば、政治改革以降作り出されてきた政官関係のあり方は、大きく改善されることになります。これについては、次節で改めて検討することにします。

　もう一つは、これまでの政官関係のあり方を支えてきた特権官僚制の問題です。特権官僚制の改革（廃止）なしには本来の政官関係の確立は困難ということになります。これは第 5 節でとりあげることにします。

＊自治体における政官関係

　自治体の場合は、議院内閣制をとる国の場合と違って、公選によって選ばれた長が、任命権者として一般職員に対する広範な人事上の権限を掌握している点で、また、組織の規模が国と比較して小さいということもあって、政治部門である長（それを支える副知事・副市町村長等を含む）と一般職員の関係は、国の場合よりもいっそう直接的になるという特徴があります。このため、政と官の関係のあり方も長によって左右される

傾向が強くなり、長の姿勢によっては、本来のあるべき政と官の関係が
大きく歪められ、政による官に対する一方的な支配・服従の関係が作り
出されるおそれがあります。次節で紹介する大阪府職員基本条例に見ら
れるように、長が大阪維新の会に属する自治体では、この傾向がきわめ
て強いのがこの間の特徴です。なお、自治体の場合、本来国を念頭に置
いて使われる「官」の語を使うのは必ずしも適切とはいえませんが、こ
こでは、便宜上国にならって「官」と呼んでおきます。

第4節　職務に対する公務員の関与

　前節で見たように、政と官の関係が役割分担と協力・協同の関係にあ
るといっても、それは、あくまでも政の優位を前提としたうえでの話で
あって、最終的には政の判断が優先することになります。したがって、
政の判断過程においてどれだけ官の意見を反映することができるのか、
また、政が官の意見をどこまで真摯に受け止めて政としての最終判断を
するのか、ということが決定的に重要な問題ということになり、このこ
とが十分に確保されてこそ、政と官の本来の関係が成り立つことになり
ます。公務員（官）の権利という視角からいえば、公務員がみずからの
職務に対してどこまで関与することができるのか、という職務に対する
公務員の関与権の問題といってもよいと思います。
　以下、いくつかの論点について提起したいと思います。

（1）職務命令に意見を述べる権利
ア　上司の職務命令に意見を述べる権利
　最初は、職務に関して公務員が意見を述べる権利についてです。
　政治部門で決定された政策は、具体的には、上司の命令や指示という
形で第一線（現場）の公務員に伝えられることになります。そこで、政
に対して官が意見を述べるということは、具体的には、各段階で上司の

職務上の命令（職務命令）に対して意見を述べるという形をとることになります。

　この点について、現行法では、公務員は「上司の職務上の命令に忠実に従わなければならない」（国公法 98 条 1 項、地公法 32 条）と定められているだけです。これだけ見ると、公務員は上司の職務命令に無条件で従わなければならないように読まれかねません。

　ところが、戦前の「天皇の官吏」の時代にあってさえ、官吏は上司の職務命令に対して意見を述べることができるとする規定が置かれていました。そして、制定時（1947 年）の国公法においても、それが当然のこととしてそのまま引き継がれていました。

・官吏服務紀律 2 条：「官吏ハ其職務ニ付本属長官ノ命令ヲ遵守スヘシ但其命令ニ対シ意見ヲ述ルコトヲ得」
・1947 年制定時の国公法 98 条：「職員は、その職務を遂行するについて、誠実に、法令に従い、且つ、上司の職務上の命令に従わなければならない。但し、上司の職務上の命令に対しては、意見を述べることができる。」

　国公法が制定の翌年にマッカーサー書簡にもとづいて改正され、労働基本権と政治活動の自由に対して大幅な制限が加えられたことはすでに指摘しましたが、実は、この改正の際に、不当にも、上記の但し書きが削除されてしまいました。

　しかし、このことは、以前の但書の趣旨を否定するものではなく、上司の職務命令に意見を述べることができること自体は、規定の有無にかかわらず当然のことである、というのが現在の一致した見解になっています。この意味において、まずなによりも、職務命令に意見を述べることは公務員の当然の権利であること、そして、公務員は、全体の奉仕者の立場に立って、この権利を積極的に行使する必要がある、ということ

を確認しておきたいと思います。

＊職務命令に意見を述べることは公務員の義務か

　　職務命令に意見を述べることは、公務員の当然の権利であるだけでな
く義務でもあるのではないか、という問題があります。想定しているのは、
職務命令の内容が憲法に違反すると考えた場合に、それを指摘して疑義
を提起することは公務員に課せられた憲法擁護義務から導かれる当然の
義務ではないのか、また、法令に違反すると考えた場合、それを指摘す
ることは法令遵守義務から導かれる公務員の義務ではないのか、という
問題です。義務だとするとそれに違反した場合に公務員の責任は問われ
ないのか、というやっかいな問題もあわせて出てくるのですが、私は、
少なくとも職務命令の内容が明らかに憲法に違反するなど、職務命令の
違法性が重大で明白な場合には、それに対して疑義を提起して意見を述
べることは、公務員の権利であると同時に義務でもあると考えたいと思
います。

イ　公務員は違法な職務命令にも従わなければならないか

　職務命令に意見を述べる権利の問題とは別に、公務員は違法な職務命
令にも従わなければならないのかという問題があります。この点につい
ては、①違法な職務命令に従うことは違法な行政を行うことになるので、
法治主義の観点からは従ってはならない、②公務員が違法と思って従わ
ないことが許されたら行政は執行できなくなるから、違法と思っても従
わなければならない、③職務命令に重大・明白な違法がある場合は従う
義務はないが、それ以外の場合は従う義務がある、など職務命令の法的
性質をどう理解するかとも関連して、さまざまな議論が行われてきました。
　私自身は、職務命令は違法であれば無効で従う義務はないと考えたい
と思っていますが、仮にそう考えたとしても、従わないことを理由に懲
戒処分などの制裁を受けた場合には、最終的には裁判所の判断をまたな

ければならないことになります。そうであるからこそ、疑義があるとき
は事前に上司に意見を述べる権利がきちんと保障されることが重要であ
ることを、改めて確認しておきたいと思います。

＊参考になるドイツの例

この問題を考えるうえで参考になるのが、ドイツの例です。ドイツでは、
官吏は職務行為の適法性に完全な個人的責任を負うことを前提として、
職務命令の適法性に疑義がある場合には、直属の上司にその旨申し立て、
それでも上司がそれを維持する場合にはさらに上級の上司に申し立て、
その上司も命令を維持する場合には、官吏は命令を実施する義務を負い、
それについての自身の責任は問われない、とされています。つまり、命
令に疑義があったら"直属の上司→その上司"と二段階にわたって疑義
を申し立て、それでも命令が維持されれば命令に服従する義務を負い、
従ったことについてのみずからの責任は問われない、とされています。
さらに注目されるのは、たとえ２段階目の上司が命令を維持した場合で
あっても、命じられた行為が人間の尊厳を侵すなどの場合には従っては
ならないとされていることです。

これは一般に「諫言の義務」（諫言とは上司の非をいさめること）と呼ば
れていますが、２段階にわたって上司に意見を申し立てることができる
こと、そして、最終的に命令が維持された場合であっても人間の尊厳に
反する場合などには命令に従ってはならないことを定めたドイツの例を
見ると、上司に意見を述べることができるとする明文規定さえも持たな
い日本とのあまりの違いに驚かされます。

＊大阪府職員基本条例の異常さ

大阪府職員基本条例は、職員は職務命令を違法・不当と認めるときは
上司または任命権者に意見を申し出ることができ、この申出に理由があ
ると認めるときは、これを取り消さなければならないと定めています（28

条)。しかし、問題は、職務命令に違反した場合の懲戒処分のあまりの重大さです。条例は、職務命令に違反した職員に対する標準的な懲戒処分を戒告としたうえで（27条1項）、戒告を受けた職員に対して指導・研修等の措置を講じなければならないとし（29条1項）、それでも職務命令違反行為を繰り返した場合、その累計が5回（同一の行為の場合は3回）となったときの標準的な懲戒処分を免職とする（27条2項）、という驚くべき内容になっています。

　条例によれば、職員は、職務命令に対して意見を述べることはできるものの、意見が認められない場合は、1回でも職務命令に従わなければ戒告処分、職務命令違反が5回（同一の違反行為の場合は3回）になると懲戒処分のなかで最も重大な免職処分、というきわめて機械的で過酷な内容となっています。

　職務命令に対して専門性をもった現場の職員から意見が述べられた場合は、その意見をふまえて慎重に職務命令の内容について再吟味するというのが本来のあり方であることを考えると、条例の定める過酷な処分による機械的な対応はあまりに異常というほかなく、絶対君主時代の君主と家臣の関係をほうふつさせるものといっても過言ではありません。ここには「処分ありき」の姿勢が前面に打ち出されており、職員の意見も形のうえで「聞くだけ」という結果になることは目に見えています[23]。

（2）違法事実を通報する権利

　職務命令に意見を述べる権利の保障とともに、職場での違法行為の事実を通報してその是正を求めることを公務員の権利として認め、そのための制度を整備することが必要になります。

　現在、組織の不正を未然に防止するために、これを通報した労働者が

---

[23] 大阪府職員基本条例の問題点については、条例案の段階のものですが、晴山「大阪府職員基本条例案の批判的検討」専修法学論集114号（2012年）で検討を加えてありますので、参照ください。

不利益な取扱いを受けることがないように、公益通報者保護法にもとづく公益通報制度が存在します。公務員もその適用対象になっており、この制度を活用して公務内の不正行為を防止することが求められることはいうまでもありません。しかし、この制度は、もともと、企業不祥事による国民の生命、身体、財産などへの侵害を防止するために、それを通報する行為を正当な行為と認め、通報者を事業者による解雇など不利益な取扱いから保護することを目的とするものであり、通報の対象になる事実も、470の法律に違反する犯罪行為や過料対象行為に限られており、その多くは民間企業を想定した内容になっています。

　私は、現行の公益通報制度とは別に、公務内の違法行為の防止・是正を目的として、すべての公務員に対して、独立した第三者機関に対してその事実を通報する権利を認め、通報したことを理由とする懲戒処分等の不利益な取扱いを禁止することを内容とする独自の制度を確立する必要があると考えています。もしこうした制度が存在していたら、森友学園事件における財務省による公文書の改ざん、南スーダン自衛隊派遣にかかる日報の隠ぺい、厚生労働省や国土交通省の統計不正など、この間連続的に明るみに出た一連の事件は、未然に防ぐことができた可能性が大きかったものと思われます。

　もちろん、こうした制度が実現される以前の段階においても、公務員は、公務部内で違法行為があると考えたときは、職場や労働組合に問題提起したり上司に相談するなど可能な手段を通してそれを指摘することが求められ、そのことを理由として当該公務員に不利益な措置を課すことが許されないことはいうまでもありません。上司の職務命令が違法と考えた場合は、職務命令に意見を述べる権利を通してその旨の指摘をすることが求められることは、すでに見た通りです。

　さらに、刑事訴訟法239条2項は、「官吏又は公吏は、その職務を行うことにより犯罪があると思料するときは、告発をしなければならない」として、職務にかかわる犯罪行為の告発を公務員に対して義務づけてい

ます。ここでは、公務員が職務に関連して犯罪行為があると考えた場合に、刑事告発をすること、すなわち犯罪事実を申告して犯人の処罰を求めることが公務員の法的義務とされています。

＊公益通報制度の活用可能性

「公益通報者保護法を踏まえた国の行政機関の通報対応に関するガイドライン（内部の職員等からの通報）」（2005年7月19日・関係省庁申合せ）と「行政機関向け内部の職員等からの通報Q＆A（2017年7月版）」を見ると、通報受付範囲が公益通報者保護法よりも広くされており（当該行政機関についての法令違反行為のほか公務員倫理規程違反の事実、懲戒処分の対象となる非違行為なども含む）、さらに公務員だけでなく広く国民からの通報も受け付けるものとされています。これは法律（公益通報者保護法）自身が要求するものではなく、「行政機関における一層の法令遵守に資する」（上記Q＆AのQ7）ための運用上の措置として提示されたものということになりますが、これが積極的に活用されるならば、公務の違法・不正を防止するために一定の役割を期待することができます。

（3）職場集団としての関与

　以上、公務員が、職務について意見を述べたり、公務の違法・不正について通報・告発することによって、公務員が個人として職務に関与できる方法を考察してきましたが、それと同時に、全体の奉仕者にふさわしい公務のあり方について、職場単位で集団的に議論しながら職務遂行にあたる仕組みを確立することが重要になってきます。実際には職場会議などの形で行われている例も少なくないと思われますが、それを単なる指示や命令の伝達の場ではなく、個々の職員が各人の専門性をふまえて、より良い公務のあり方をめざして集団的に議論する場として作りあげることが重要になってきます。職員が個人として職務命令に意見を述べたり、違法行為を通報・告発することが場合によっては一定の困難を

伴うこともありうること考えるならば、職場全体で職務のあり方を議論する場を日常的に確保することは、現状の問題点を克服し、国民にとってより望ましい公務のあり方を追求するうえで、少なからぬ意味をもつものと思われます。

　この問題はかつて「職員参加」論という形で論じられ、一定の関心を集めたこともがありましたが[24]、その後は十分な議論の蓄積がないまま現在に至っています。次に述べる労働組合の関与との関連も含め、今後の重要な検討課題として確認しておきたいと思います。

（4）労働組合の関与

　うえに述べた職場集団としての職務への関与の問題とあわせて、労働組合が職務にどのようにかかわるべきかということも、重要な検討課題になってきます。

　労働組合法２条が、労働組合を、「労働者が主体となつて自主的に労働条件の維持改善その他経済的地位の向上を図ることを主たる目的として組織する団体又はその連合体」と定義しているように、労働条件の維持改善を「主たる」目的としていれば、労働組合が、従たる目的として、政治活動やボランティア活動などそれ以外の諸活動を行うことは自由とされています。そして、このこと自体は、労働組合法の適用のない公務員労働組合についても当然のこととされています。

　実際、公務員労働組合の多くは、みずからの労働条件の改善とともに、「良質な公共サービス」の確立（国公連合）、「国民のための行財政・司法の確立」（国公労連）、「公共サービスや自らの仕事のあり方について研究し、実践する活動」（自治労）、「住民本位の民主的効率的行財政の確立」（自治労連）などの課題を掲げて取り組んでいます（各組合のＨＰ

---

[24] 職員参加については、晴山「職員参加論」佐藤英善ほか編『公務員の制度と賃金』（大月書店、1984年）を参照ください。

より）。

　公務員労働組合がこれらの国民的な課題を掲げて取り組むことは、ま
さしく全体の奉仕者である公務員の労働組合たるにふさわしいことで
あって、（3）であげた職場集団としての職務への関与の場面において
も労働組合が大きな役割を果たすことが期待されます。とりわけ、政に
よる官に対する支配の強化が進むなかで、あるべき政官関係の確立を通
して、真に国民全体に奉仕する行政を実現していくうえで、労働組合に
期待される役割はきわめて大きいといわなければなりません。

第5節　特権官僚制の改革

　公務員が職務に関与することを公務員の権利として確立することとあ
わせて、公務員制度の改革にとって避けられないもう一つの重要な課題
として、国家公務員制度における特権官僚制の問題があります。

（1）特権官僚制の問題性

ア　特権官僚制とは

　ここで特権官僚制と呼んでいるのは、国家公務員の採用試験の段階で
中央省庁の幹部職員の選抜を事実上行い、特定の試験に合格して省庁に
採用された同期の公務員が、ほぼ同時期に昇進（昇任）して幹部職員に
なっていく仕組みのことを指しています。具体的にいえば、現在、国家
公務員の採用試験は、総合職採用試験、一般職採用試験、専門職採用試
験などに分かれていますが、このうち、総合職採用試験（以前は国家Ⅰ
種試験、それ以前は上級甲試験）の合格者のほとんどが、他の採用試験の
合格者よりも早く上位の職に昇進し、最後は各省庁の幹部職員になるの
に対して、他の試験で採用された者は、いかに採用後の勤務成績が良好
であっても、総合職試験合格者よりも昇進が遅れ、幹部職員になる途が
ほとんど閉ざされてしまう、という実態のことを指しています。

　これは、法律（国公法）で定められた制度ではなく、運用の実態とし
て長い間定着してきた慣行であり、一般にキャリアシステムとも呼ばれ
ていますが[25]、ここでは、その本質をよく言い表している「特権官僚制」
の語を用いることにします。

　イ　問題の所在

　特権官僚制は、憲法15条1項により国民が有する公務員の選定・罷
免権とも、また、同条2項の公務員の全体の奉仕者性ともあいいれない
ものであり、さらには、国家公務員が「民主的な方法で、選択され……
るべきこと」を定めた国公法1条、国家公務員の任用が「能力の実証に
基づいて行わなければならない」とする同法33条1項、「職員の公正な
任用」が確保されなければならないとする同条2項1号にも反するもの
です。そしてなによりも、採用後の職務遂行の評価によってしか判断で
きないはずの幹部職員としての適格性を、もっぱら採用時の試験の種類
によって事実上決めることの不合理性は、誰の目にも明らかといわなけ
ればなりません。

　戦前の官吏制度のもとでは、官吏は勅任官、奏任官、判任官という身
分制度のもとで、合格者に高級官僚の途を保障する高文試験が存在して
いましたが、現在の特権官僚制の存在は、戦後の公務員制度改革によっ
て廃止されたはずの戦前の高文試験にも通じるものといっても過言では
ありません。この意味で、現在の特権官僚制は、戦後の公務員制度改革
が徹底して排除しようとした身分的官吏制度の現代的変形といってもよ
い存在です。

　先に述べた政治主導の名のもとでの官に対する政の支配の強化は、幹
部職員（事務次官・局長・部長級）→管理職員（課長・室長級）→一般職

---

[25] キャリアシステムについては、荒井達夫「国家公務員制度改革とキャリアシステム〜参議院
による行政監視の意義〜」立法と調査 2008.11別冊が、その概要と問題点をよく整理しています。

員という公務員内部の上下の指揮監督関係を通して貫徹されることになりますが、こうした関係のなかにあって、採用時点から幹部職員への途が保障された特権的な幹部職員が、政による官の支配をより容易に受け入れることになること、そして部下の意見に真摯に耳を傾けなくなることは、ある意味で自然なこととともいえるでしょう。森友学園をめぐって、財務省の幹部職員の指示で公文書書き換えを強いられた近畿財務局の職員がみずから命を絶った事件は、幹部職員から一般職員に至るヒエラルヒーのもとで、最後に犠牲になるのは末端の一般職員であることを象徴するものといってよいでしょう。

　先に、職員集団として職務のあり方を議論し、その意見を政に反映させていくことの重要性を指摘しましたが、特権官僚制の存在は、この課題の実現にとっても大きな障害をなすことは明らかであり、特権官僚制の改革は、公務員の全体の奉仕者性を実現していくうえでも不可欠の課題ということになります。

（2）特権官僚制の改革

　行政組織がピラミッド型の階層制を基本に形成されていること自体は、否定すべきことではありません。行政組織において、上級機関から下級機関に至る指揮監督関係のもとで行政の基本方針や具体的な指示が伝えられ、最終的な執行に至ること自体には、一定の合理性が認められてしかるべきでしょう。そして、そうであるからこそ、上司の職務命令への意見申し立てや、職場集団での議論を通して一般の職員の意見ができるだけ反映されることが重要であることも、すでに述べた通りです。

　問題は行政組織内における上下の階層制自体にあるのではなく、階層のトップ集団にたどり着く途が、採用時の試験の種類によって事実上決まっており、そうして形成されたトップ集団が、省庁の行政執行全体を支配するという実態そのものに問題の本質があるということになります。

　2008年の国家公務員制度改革基本法の制定に際して、参議院では、

「キャリアシステムの廃止が法制定の目的であることを踏まえ、職員の人事管理が採用試験の種類にとらわれてはならない旨の規定を完全に実施するよう最大限の努力を行うこと」とする付帯決議がなされました。これは、特権官僚制に対する国民各層の強い批判を背景としたものでしたが、その後も特権官僚制は強固に維持されたまま現在に至っており、このことは、特権官僚制の改革がいかに困難な課題であるかを示しています。

　特権官僚制は、法律上の正規の制度ではないにもかかわらず、わが国の公務員制度のいわば根幹をなすものであって、その改革＝廃止のためには、単なる採用試験制度の見直しだけでなく、採用後の研修制度、人事評価制度、昇任制度（とくに第三者機関によるチェックのあり方）、給与体系、再就職（天下り）規制のあり方、などを含めた公務員制度全般にわたる見直しが必要となり、さらにいえば、これまで論じてきた憲法15条2項の全体の奉仕者とはどうあるべきかという根本問題にまでさかのぼった検討が不可欠になります。

　そのための具体策は、上記のように採用から退職に至るまでの全過程にわたる各種制度の見直しが必要となり、いまここでその具体的検討を行う余裕はありませんので別の機会に譲りたいと思います。ここでは、本書でこれまで述べてきた基本的な視点——公務員も他の国民と同様に憲法上の基本的人権の享有主体であること、公務員は、国民全体の奉仕者として国民の基本的人権の保障をその基本的役割としていること、この役割を発揮するためには、昇進制度を含む人事行政の公正・中立性の確保と政と官の正しい関係の確立が不可欠であること、職務に公務員の声を反映できるようにするため、職務命令に対して意見を述べる権利の確立や労働組合の関与が不可欠となること、等々——を基本に据えて特権官僚制の問題点を具体的に検討していくならば、その改革＝廃止に向けた具体的道筋も見えてくるのではないか、ということを付言するにとどめたいと思います。

なお、以上述べてきた特権官僚制の問題は、国家行政組織を前提とした国家公務員制度に特有の問題のということになりますが、地方自治体の場合も、とくに東京都など大規模自治体においては、以上に述べたことと同様の視角に立って、国と同様の問題が生じていないかどうかについての具体的検証が求められることになります。

あとがき

　本書では、公務員に関する憲法の規定、とくにその中心をなす憲法15条2項の全体の奉仕者規定を中心に、公務員のあり方を考えてきました。公務員のあり方は、統治のあり方と密接にかかわっており、公務員のあり方を問うということは、日本の統治、政治のあり方そのものを問うことにもつながります。他方で、同じ公務員といっても、内閣総理大臣をはじめとする政治部門の公務員とそれ以外の一般の公務員とでは、その役割は異なっており、日本国憲法のもとでは、後者の公務員が、全体の奉仕者として国民のために果たす役割は非常に大きいものがあり、この役割をどれだけ発揮できるような状況を作り出すことができるかが、公務員にとってはもとより、国民にとっても重要な意味があることになります。

　本書では、以上の観点に立って、政治部門を除く一般の公務員が置かれた現状と憲法にもとづく今後のあり方について考えてきました。論じきれなかった論点も多々残りましたが、基本的な考え方は示すことができたのではないかと思います。

　私が大学に入学した1967年当時は、学生運動真っ只中の時代で、私もその渦中に巻き込まれて十分な勉強もしないうちに卒業の時期を迎え、さしたる目的意識もないまま大学院に入り、杉村敏正先生（京都大学教授）のもとで行政法の研究を始めました。大学院在学中に最初に書いた論文がフランスの官吏制度をテーマとするものであったことから、以来、公務員法への関心を抱くようになり、微力ながらも、今日まで公務員のあり方について法理論的な側面から研究を続けてきました。

振り返ってみると、私の研究過程のなかで重要な意味を持つこととなった機会が三つありました。

　一つは、第二次臨調（臨時行政調査会）へのかかわりです。1981年に「増税なき財政再建」を掲げて設置された第二次臨調は、1983年までの間に五つの答申を出し、それにもとづいて行われた行政改革は、「臨調行革」（中曽根行革）と呼ばれ、今日に至るまでの一連の新自由主義的行政改革の先駆けをなすものとなりました。この第二次臨調には、当時自治労（全日本自治団体労働組合）の委員長であった丸山康雄氏が9人の委員の一人として加わり、少しでも国民の声が臨調に反映されるようにとの思いから、みずからの意見を「丸山意見書」という形で臨調の場に提出し続けました[26]。

　この意見書の作成に研究者の立場から協力したのが室井力先生（名古屋大学教授）であり、私は、まだ研究者駆け出しの身であったにもかかわらず、先生に声をかけていただき、他の先輩研究者らとともにこの作業に参加する機会を得ることができました。公務員制度も第二次臨調がとりあげた課題の一つであり、私が担当したこの公務員制度改革のテーマを中心にして、室井チームの一員として、必死の思いをしながら作業に参加したことがいまでも鮮明に思い起こされます。

　二つ目は、同じく室井先生からの誘いで、国公労連（国家公務員労働組合連合会）のもとに設置されることとなった行財政総合研究所の一員として、他の分野の専門家や国家公務員の労働組合の方と一緒に、公務員制度をはじめとする国の行財政のあり方の検討に携わることができたことです。

　三つ目は、これまた室井先生に協力する形で、自治労連（日本自治体労働組合連合会）のもとに設置された自治労連・地方自治問題研究機構

---

[26] 膨大な数にのぼる意見書は、「丸山康雄意見集」という形で、全日本自治団体労働組合・地方自治総合研究所編『行政改革への提言』（日本評論社、1983年）にすべて収録されています。

の運営委員の一員として、設立以来今日まで、自治体労働者のあり方を組合の方と一緒に議論したり、東日本大震災の被災地での自治体労働者の取り組みの経験交流の場に参加するなどしながら、さまざまな活動を共同で取り組む機会を得たことです[27]。

　以上にあげた国と自治体双方の公務員労働組合の方々との議論や取り組みは、私にとって、机上の研究では得られない貴重な視野を与えてくれるものでした。本書で描いてきた全体の奉仕者としての公務員のあり方には、こうした公務員労働組合との交流から得られた成果が少なからず反映されていると自分では思っています。

　もちろん、本書は、公務員労働組合向けに書いたものでないことは、一読してもらえばわかると思います。労働組合への所属のいかんを問わず、また、国と自治体のいかんを問わず、本書で描いてきた憲法にもとづく公務員像は、いわゆるキャリア層から第一線で働いている公務員に至るまで、公務員であるならばそれなりの共感をもって受け止めてもらえるのではないかと思います。

　とはいえ、憲法にもとづく公務員像と公務員制度を実現していくうえで、公務員労働組合が果たす役割の重要性もまた否定できません。この意味で、公務員労働運動が、所属組合の違いを超えて今後大きく発展していくことを願って本書を閉じることとします。

　付記：本書の執筆に当たっては学習の友社のみなさんにお世話になりました。とくに図表の作成や引用部分については私の見落とした誤りをチェックしいただくなど、ひとかたならぬご尽力をいただきました。記してお礼申し上げます。

---

[27] 東日本大震災時に自治体職員がいかなる状況に置かれ、いかなる行動をとったかについては、自治労連・岩手自治労連編『3・11岩手　自治体職員の証言と記録』（大月書店、2014年）を参照ください。ここには、未曽有の危機に直面した自治体職員の具体的経験を通して、全体の奉仕者としての公務員のあり方が感動的に描き出されています。

【著者紹介】

晴山一穂（はれやま・かずほ）

1948年生まれ

現在　福島大学名誉教授、専修大学名誉教授

［おもな著書］

『地方公務員法入門』（共著、有斐閣、1983 年）

『公務員制度改革』（共編著、大月書店、2002 年）

『行政法の変容と行政の公共性』（法律文化社、2004 年）

『公務の民間化と公務労働』（共編著、大月書店、2004 年）

『自治体民間化』（共編著、自治体研究社、2005 年）

『政治主導を問う』（自治体研究社、2010 年）

『欧米諸国の「公務員の政治活動の自由」』（共著、日本評論社、2011 年）

『現代国家と行政法学の課題』（日本評論社、2012 年）

『公務員の実像』（共編著、新日本出版社、2013 年）

『民主的自治体労働者論』（共編著、大月書店、2019 年）

『官僚制改革の行政法理論』（共編著、日本評論社、2020 年）ほか

日本国憲法と公務員——「全体の奉仕者」とは何か——

2023 年 1 月 5 日　初版　　　　　　　　　　　　定価はカバーに表示

晴山一穂　著

発行所　学習の友社

〒 113-0034　東京都文京区湯島 2 - 4 - 4

TEL03（5842）5641　FAX03（5842）5645

振替　00100 - 6 - 179157

印刷所　モリモト印刷

ISBN　978-4-7617-0740-8　C 0036